Aurelia Grosu

Eşti mai puternic decât crezi

Dacă eu am putut, poţi şi tu!

SELF
PUBLISHING

Descrierea CIP a Bibliotecii Naţionale a României
GROSU, AURELIA
   **Eşti mai puternic decât crezi : dacă eu am putut,
poţi şi tu!** / Aurelia Grosu. - Bucureşti : Self Publishing,
2013
   Bibliogr.
   ISBN 978-606-93537-6-9

159.9

Self Publishing România este o platformă online dedicată
publicării, tipăririi, promovării şi distribuţiei naţionale şi
internaţionale a cărţilor autorilor români.

Orice autor care publică la Self Publishing îşi poate vedea cartea
în librării în 30 de zile şi mai puţin.

Intră pe site şi publică-ţi cartea sau scrie-ne pe adresa

office@self-publishing.ro

www.self-publishing.ro

COMENZI PENTRU CITITORI,

LIBRĂRII, BIBLIOTECI, DEPOZITE DE CARTE

comenzi@self-publishing.ro
tel. 0740 530 111

CUPRINS

MULŢUMIRI

„Cărţile sunt cărăuşii civilizaţiei. Fără cărţi istoria e mută, literatura nu are glas, ştiinţa paralizată, iar gândirea şi meditaţia suspendate."

Barbara Tuchman

„Mulţumiţi lui Dumnezeu pentru toate lucrurile; căci aceasta este voia lui Dumnezeu, în Isus Hristos, cu privire la voi." (1 Tesaloniceni 5:18)

Este o onoare şi un har deosebit să aduc mulţumiri celor pentru care am însemnat ceva şi celor cărora le-a păsat, într-un fel oarecare, de mine, pe drumul greu al încercărilor şi al singurătăţii.

Încep cu familia mea şi mai ales cu mama, Raina Grosu, fratele şi cumnata mea, Mişu şi Margareta Grosu, apoi mulţumirile se îndreaptă către Cristian Nicodimescu, fiul meu, şi Cristina Grafcenco, fiica mea.

Continuu să mulţumesc familiei Cristian şi Loredana Bulugu, un sprijin preţios în vremuri tulburi, Magdei Bara, o prietenă extraordinară. Mulţumesc celor care m-au adăpostit în casele lor, când eram frântă de oboseală, celor care în mod constant s-au rugat pentru mine, mulțumiri familiei Rădăcină din Galați, care, ani de-a rândul, au deschis ușa casei lor pentru a mă găzdui, a mă sfătui, a se ruga pentru mine, a mă hrăni și a mă sprijini în durere și încercări, mulțumiri și altora care mi-au înseninat periodic viața prin atenția lor.

Mulțumesc familiei Claudia și Daniel Topciu pentru generozitatea și ajutorul financiar care au permis publicarea acestei cărți.

Mulțumesc celor doi oameni care au muncit constant cu mine în vederea schimbării gândirii negative și percepției mele asupra vieții, Radu Gabriel și Cristian Hegheduș. Aceștia au dezvoltat dorința de cunoaștere și schimbare, au spart barierele mentale și mi-au arătat potențialul care exista în mine, ajutându-mă să-l pun în valoare!

Mulțumesc, mulțumesc, mulțumesc!

Introducere

Mă uit în urmă cu un surâs plin de înțelegere și văd povestea mea, o poveste simplă, cum se dorește a fi și această carte, pe care abia ai deschis-o, poate dorindu-ți să vezi ce cuprinde fiecare pagină, până la capăt.

O poveste din care poți învăța, în care te poți regăsi sau la care poți lua aminte, ca un avertisment pentru propria ta viață.

Viața unui om înseamnă mai mult decât cronologie. Trecutul fiecăruia este asemenea unei galerii de artă. Intri, plătești biletul, și admiri fiecare pictură așezată pe perete. Orice tablou de viață va cuprinde diferite tonuri și nuanțe de culori.

Tonurile sunt interacțiunea dintre o culoare și o altă culoare.

Dacă amesteci culoarea roșie cu o picătură de culoare galbenă și una de culoare gri, cu siguranță vei obține un ton.

În fața fiecărei picturi vei admira, vei privi, vei fi fascinat sau deprimat de feluritele tonuri de culori.

Viața unui om se poate compune din fel de fel de tonuri și nuanțe.

O zi poate fi invadată de culori calde, care generează emoții de pace și bucurie, altă zi poate fi dominată de culori reci, care generează emoții mai puțin

7

plăcute, îngrijorare şi teamă. Toate zilele unui om compun diverse tablouri în care culorile reci şi calde se întrepătrund, dând savoare şi valoare vieţii acestuia.

În faţa fiecărei picturi se activează o sumedenie de sentimente.

Printre ele, apar aprecierea şi admiraţia pentru Marele Pictor.

Câtă muncă, câtă planificare, câte nopţi nedormite, câte frământări şi victorii, câte înfrângeri şi realizări, câtă sudoare... şi totul cu un singur scop. Dacă ai un scop, vei găsi o cale, dacă nu ai un scop, vei găsi o scuză.

Când treci liniştit pe coridoarele galeriei de artă, înţelegi tenacitatea, lupta, bucuria, viziunea uriaşă a Pictorului.

Deci, expoziţia, în ansamblul ei, o înţelege doar... Pictorul!

Vă invit cu mare dragoste, să vizităm pas cu pas, tablou cu tablou, nuanţă cu nuanţă şi ton cu ton, toată Galeria! Să intrăm!

Tabloul copilăriei

La poalele Munților Măcinului, munți vechi, roşi de vânturi şi ploi, cu culmi de până la 400 de metri, într-un orăşel mic, liniştit, cu gospodari harnici şi pricepuți, pe 8 mai 1957, mi-am început viața într-un spital modest, într-un loc parcă uitat de lume... şi am primit numele Aurelia.

Tatăl meu, Ion Grosu, era cioplitor în granitul prezent peste tot în aceşti munți din România, şi mama mea, Raina Grosu, era o femeie hotărâtă şi harnică. Oameni simpli, dar amândoi încrezători în visul de a realiza ceva în viața lor.

După atâția ani, privind tabloul copilăriei din galeria mea, văd doi oameni frumoşi, puternici, harnici şi serioşi, care au muncit enorm şi au suferit, dar au avut parte şi de binecuvântări.

La zece ani după ce m-am născut eu, a venit pe lume singurul meu frate, Mişu – Sorin, un băiețel frumos şi plăpând, sensibil şi timid, care – practic – a împlinit viața mamei mele.

Din această perioadă a unui început de destin, țin minte cu plăcere că la 4 ani am plecat la grădiniță şi am fost aleasă să cânt iar acest moment muzical a fost transmis la difuzoarele montate pe stâlpii de electricitate care împânzeau localitatea.

Aşa, într-o zi frumoasă, s-a auzit pe străzile

Măcinului un glas frumos de fetiţă care şi-a ales o piesă extrem de grea a interpretei Margareta Pâslaru.

Revăd acest tablou cu multă emoţie şi afecţiune pentru curajul micuţei care a încântat o comunitate.

S-a dovedit de atunci că am o ureche muzicală şi o voce bună, care m-au ajutat, de altfel, în profesia mea viitoare.

Copilăria a fost lipsită de griji materiale, în schimb presărată cu multe certuri, înjurături, bătăi, vorbe grele între părinţii mei.

Între aceşti doi oameni puternici a stat mereu alcoolul. El a fost duşmanul întregii lor vieţi, fiindcă de la acesta au plecat multe consecinţe devastatoare pentru familie şi pentru tatăl meu.

Oameni simpli, destine zbuciumate, setări mentale greşite, încă din fragedă pruncie, necunoaştere de Dumnezeu, întuneric!

Toate acestea şi-au pus evident amprenta pe formarea mea ca femeie. Nu am fost învăţată nimic despre viaţă, nu ştiam altceva decât să învăţ, să mănânc, să dorm şi să cânt. Obişnuiam să mă joc singură pe veranda casei şi cântam acolo tot felul de cântece. Microfonul meu era „chisoiul de usturoi".

Un copil cu părinţi aspri nu avea voie să scoată un cuvânt, să-şi dorească ceva, să aibă vreo părere. Un copil modest, care şi-a ascultat părinţii din frică, nu din dragoste, frică imprimată în fiecare celulă a minţii şi care m-a dominat decenii întregi.

La 14 ani am fost cu o verişoară să facem baie şi am căzut într-o groapă adâncă de unde m-au luat valurile înspumate ale Dunării şi m-au purtat până la mijlocul fluviului. Nu ştiam să înot, dar am dat tare din mâini şi din picioare, iar frăţiorul meu Mişu, de 4 ani, a ţipat cât a putut şi, de pe un şlep în care se încărca granitul de la cariere, a sărit în ajutor un băiat. În ultima clipă m-a tras de păr în sus şi m-a adus la mal. Acum văd harul lui Dumnezeu care îmi urmărea viaţa şi mă proteja!

Întâmplarea de la Dunăre s-a petrecut imediat după ce luasem examenul de intrare la Liceul Pedagogic „Costache Negri" din Galaţi.

Mama m-a întrebat ce doream să devin. Aveam doar două variante: asistentă medicală sau învăţătoare. Nu am ales asistentă medicală, probabil din cauza fricii de injecţii, dar şi pentru că, în subconştientul meu, nu mă vedeam făcând aşa ceva.

În joaca mea, pe balconul căsuţei noastre, mă jucam „de-a copiii şi învăţătoarea", vorbeam copiilor imaginari, cântam cu ei, mă jucam cu păpuşile, deci am ales să fiu învăţătoare.

Pentru a reuşi la un examen dificil, unde exista o probă eliminatorie la muzică şi probe la istorie, matematică şi română, am făcut pregătire la Brăila. Plecam cu autobuzul de dimineaţă, treceam cu bacul pe Dunăre până la Brăila şi acolo mergeam la o profesoară de matematică, într-un cartier de la periferia oraşului. Aveam nevoie de ajutorul unui profesionist. Mă întorceam şi făceam cursuri, după-amiază, la şcoală, câte 5-6 ore.

Am fost o elevă care s-a remarcat la şcoala primară

prin premiul I în fiecare an, de la clasa I şi până la a VIII-a. Mama voia să învăţ, era severă şi riguroasă în ceea ce priveşte temele şi programul de fiecare zi. De mică îmi lăsa câte o listă cu ceea ce aveam de făcut zilnic. Aranjam paturile, măturam curtea şi casa, ştergeam praful, făceam cumpărături, dar toate sub atenta ei supraveghere.

Am asistat la multe, multe certuri şi bătăi între tata şi mama. Am văzut-o pe mama scoasă afară, în zăpadă, noaptea, de tata, care băuse prea mult! Îmi sărea inima de frică mereu. Am fost abuzată în fel şi chip, am fost bătută cu furtunul de la maşina de spălat, cu mătura peste picioare. La şcoală mergeam plină de dungi vineţii, iar uneori nu puteam să stau în bancă de durere. Bătăile veneau din lucruri banale, nu existau motive întemeiate. Dacă întârziam câteva minute pe stradă, tata venea după mine cu mătura şi mă bătea.

Eram trimisă zilnic într-un restaurant plin de bărbaţi să-i iau băutură. Mă îngrozea intrarea în acel loc, îmi era ruşine şi frică. Dar trebuia! De multe ori, tatăl meu îmi reproşa că nu învăţ să cânt la acordeon, ca atunci când se întorcea el acasă, să-i pot cânta „Ionel, Ionelule!" Vai de copilul din mine!

Setările mentale corecte se fac între 0 şi 7 ani, ceea ce la mine s-a întâmplat tocmai invers: totul a fost negativ şi negativul s-a propagat în viitorul meu, înnegurându-mi gândirea. Multe întâmplări greu de dus. De pildă, într-o zi, tata a venit de la carieră, era băut bine, şi, într-un acces de furie maximă, a luat cuţitul şi l-a aruncat direct în mama. Norocul a fost că ea era cu spatele şi cuţitul i-a intrat în fesa dreaptă.

Doamne, acum revăd scena şi cred că abuzul emoţional a fost decisiv pentru frica de care am fost mereu stăpânită. Mama a luat cuţitul, a tras de el şi l-a scos, apoi s-a pansat cu ce a găsit prin casă. Mă gândesc că la cât muncea de mult pentru noi, nu merita acel tratament!

Dar vorbea regele: ALCOOLUL!

De multe ori sunt întrebată, parcă cu uimire, de ce nu beau un pahar de vin la masă. De ce? Nu doresc să introduc nicio picătură în gură, mă pot veseli sau întări prin alte metode verificate în practică, de mine!

Cum să deprinzi o dragoste corectă şi curată? Am preluat de la părinţi vocabularul lor, mereu am folosit aceleaşi cuvinte, le am întipărite în creier, doar puterea lui Dumnezeu mă păzeşte să nu le folosesc şi astăzi, dar ele sunt acolo!

Însă nu mai au atâta putere!

Preluăm de la cei dragi deprinderi, convingeri, obiceiuri etc.

Cu toate acestea, Cineva care a văzut totul m-a eliberat mult mai târziu! Mult mai târziu!

Alcoolul, ţigările, stresul au afectat sănătatea tatălui meu şi astfel a început un lung şir de vizite la spitale, cu tot felul de afecţiuni dezvoltate în urma unui stil de viaţă haotic.

Carnea de porc, prăjelile, pâinea albă şi dulciurile erau alimentele de bază în familia noastră. Toată viaţa m-am luptat cu o greutate neadecvată înălţimii mele. Grăsimile mi-au înfundat arterele, stilul de viaţă „dulce şi rafinat" m-a secat mai târziu de energie, iar pe tatăl meu l-a băgat în groapă. Avea psoriazis, ciroză, cardiopatie ischemică, făcuse infarct, şi câte şi mai câte. A fost un grădinar deosebit de pasionat. Îşi petrecea toate după-amiezile muncind în vie, în grădina cu legume, îngrijind plantele din solare. Creştea căpşuni pe butuci înalţi, roşiile erau imense, totul era la linie.... Ar fi fost un horticultor deosebit.

Au fost 14 ani agitaţi petrecuţi în casa părintească, cu bune şi cu rele!

Aşa era pe vremuri. Oamenii nu citeau, nu aveau televizor, nici emisiuni deosebite. Ne aflam sub comunism, iar lucrurile erau simple.

La Măcin, fiecare avea curtea şi casa lui, animale, păsări, grădină. De dimineaţă, din zori şi până în noapte, munceau cu toţii. Astea au fost timpurile, altele sunt astăzi.

Dar atunci era lumea mai primitoare, mai săritoare, mai altfel decât în zilele noastre. Acum totul este rapid, ameţitor de rapid şi performant.

Multe însă ar fi de făcut în domeniul educaţiei, în vederea construirii unui caracter frumos, încă din fragedă copilărie. Copiilor de azi le trebuie mai multă responsabilitate, disciplină şi dezvoltare personală.

Tabloul adolescenței

Un tablou cu toate tonurile și nuanțele posibile, pentru că a fost o perioadă la fel de sinuoasă și tulburătoare ca cea a copilăriei, de care tocmai mă despărțisem cu durere. Eram dependentă de mama mea, chiar dacă fusese aspră de multe ori cu mine, chiar dacă nu am auzit cuvinte de dragoste și apreciere din partea ei. Da, eram așa de dependentă că plângeam după ea la orele profesorilor din Galați și nu mă puteam bucura de schimbare. Am rămas dependentă total de ea, până ce, după vârsta de 40 de ani, am obținut eliberare de „dependența mea".

Am stat în fiecare an la altă gazdă, cu chirie. Fel de fel de oameni, familii, programe psihice care mi-l afectau pe al meu. Revăd, din memorie, că într-un an am stat la o femeie singură, la etajul al X-lea al unui bloc central din Galați și, într-una din seri, pe întuneric, m-am trezit cu amantul acesteia în balcon. Sărise de pe acoperișul blocului și intrase, fără știința nimănui.

Simțiți în acest tablou, cum toate tonurile de negru sunt prezente, deoarece frica și groaza care m-au inundat atunci mi-au amplificat nesiguranța de sine și neîncrederea în oameni.

În alt an, am stat într-o familie ai cărei membri se băteau uneori până sărea sângele pe pereți. Mă hrăneau doar cu salam, fiindcă lucrau la Abatorul din Galați.

La altă familie, am împărțit viața și patul cu o fată handicapată locomotor.

În altă familie, am dormit în pat cu un băiețel cu gură de iepure. Devenisem o fire închisă, ursuză, retrasă și iritată.

Mânia și iritarea interioară m-au dominat câteva decenii bune, până când am rămas singură și m-am mai calmat. Acest dușman interior mi-a afectat personalitatea.

Mi s-au întâmplat atâtea lucruri negative în familie și la alții pe la care am stat, încât cu greu am scăpat de aceste setări mentale negative.

Trăiam instinctual... La liceu, învățam lucruri teoretice, nu despre viață, eram izolată de celelalte fete, fiindcă ele erau localnice, iar eu eram din afara orașului.

Părinții mei făceau mari eforturi pentru a mă ține la școală și la gazdă. Ei nu aveau obiceiul să mă îmbrățișeze, să mă sărute sau să-mi spună: „te iubesc!", dar aveau grijă să nu-mi lipsească nimic. Mi-au luat o vioară și cinci ani de liceu am învățat ABC-ul acestui instrument. Nu mi-a plăcut foarte mult, luam note de trecere, dar pasiunea mea a rămas cântatul. Îmi plăcea mult muzica ușoară, îmi cumpăram broșuri cu cântece și le cântam.

Uneori, visam cu ochii deschiși, mă vedeam în restaurant cântând la microfon, pe scenă. În sală era iubitul meu, așezat comod la o masă împodobită cu flori.

Visul meu a fost să devin cântăreață sau să stau acasă, casnică, îmbrăcată în haine de casă, așteptându-mi iubitul cu fel de fel de bunătăți.

Aceste vise nu s-au împlinit, dar ele au rămas până în prezent în mintea mea.

Am făcut practică cu elevi de la diverse școli din Galați și în fața lor mă descurcam excelent. Așa am prins curaj să vorbesc în fața unui public care mi-a devenit fidel pe perioada întregii mele activități la catedră: copiii.

La 17 ani, l-am cunoscut pe viitorul meu soț, un tânăr care locuia în același bloc cu mine. Nici acum nu-mi dau seama ce m-a atras la el și de ce am rămas împreună.

Cu mintea și viziunea despre viață și căsnicie de acum, eram din start nepotriviți, dar părinții mei au insistat, la momentul oportun, să ne căsătorim.

„Să nu râdă lumea, în Măcin, de noi!"

Acesta era moto-ul întregii lor vieți: „...să nu râdă lumea!" Ei au hotărât destinul meu și ei au pregătit totul pentru nuntă.

În trei ani de prietenie nu am reușit să ne cunoaștem foarte bine, fiindcă nu cred că ne cunoșteam încă bine pe noi înșine.

Cel mai interesant moment din „tabloul adolescenței" a fost cel al unei excursii în Germania, organizată de Liceul Pedagogic. Am călătorit cu trenul. Am fost binecuvântați, pentru că, pe vremea comunismului, nu plecai așa de simplu ca astăzi peste hotarele României. Dar părinții mei au reușit să treacă de toate chestionarele miliţiei de atunci!

Am vizitat Berlinul de Est, Leipzig, Dresda şi fascinantul Potsdam. Eram deja îndrăgostită de prietenul meu şi vedeam prin ochii mei şi pentru el minunatele locuri şi peisaje ale Germaniei, vedeam civilizaţia dezvoltată mult mai mult decât la noi, vedeam lucruri pe care mulţi în acea perioadă austeră şi rigidă nu puteau să le viseze măcar.

Nu am uitat cravata portocalie pe care i-am dăruit-o la întoarcere viitorului meu soţ. Nu am uitat niciodată mirosul de piele naturală al pantofilor cumpăraţi de acolo. Am o sensibilitate şi o afinitate pentru produsele din piele naturală şi, prin atingere, îmi dau seama de calitatea pielii respective.

Gustul pentru călătorii mi-a fost dezvoltat de părinţi. Cu ei am făcut adevărate excursii prin ţară. Am făcut o pasiune pentru restaurante şi terase, pentru hoteluri şi locuri rafinate şi elegante. Pasiunea aceasta s-a dezvoltat tot mai mult, atrăgând în viaţa mea noi oportunităţi de a pleca, de a vedea lumea, de a cunoaşte locuri noi.

Împreună cu mama şi cu tata, în anul al IV-lea de liceu, ne-am luat rudele de la Măcin cu maşinile lor şi pe prietenul meu şi am făcut un circuit al României, de care îmi amintesc cu drag. Priviţi din afară păream o familie frumoasă, prosperă, realizată...

Câştigasem două maşini la C.E.C.-uri, de 5 000 de lei vechi (pe vremuri, era valoarea unui autoturism Dacia, dacă erai câştigător la tragerea la sorţi a C.E.C.-ului).

18

Aveam bani de benzină, fiindcă pe vremea aceea benzina era foarte ieftină. Şi totuşi, unde mergeam cu tata, mergea cu noi şi alcoolul! Mereu erau dispute între cei doi! Degeaba aveam de toate, dacă nu era pace în casă!

În anul al V-lea de liceu, cu câteva luni înainte de bacalaureat, am rămas însărcinată. A fost teribil! O, Doamne! Mai aveam doar câteva luni! Nu eram căsătorită, nu terminasem liceul! Nu avusesem răbdare! În ultimul an de liceu!

Am încercat să vorbim cu mama şi nimic nu a convins-o să lăsăm acea sarcină! Se temea de tata şi de „gura lumii". Îi pusesem şi un nume viitorului copil, Mincu Felix. Mincu era tatăl mamei mele, bunicul meu, iar Felix era numele bunicului prietenului meu. Dar nu am reuşit să-l avem, alegând ca rezolvare avortul. Ar fi fost de fapt primul meu născut.

Am găsit o femeie care m-a chinuit mult până am reuşit să pierd copilul acesta. Eram în uniformă de liceu, când am ajuns la ea, şi am suferit foarte mult atât fizic, cât şi psihic.

Prietenul meu l-a văzut. Era un copil format. Eram ucigaşă. Deja eram în păcat amândoi. Dar nu ştiam! Frica de oameni a învins. Nu ştiam că nu aveam voie în faţa lui Dumnezeu să facem această faptă!

Atunci am ieşit de sub binecuvântarea lui Dumnezeu.

Înainte cu o zi de bacalaureat am făcut cununia civilă la Primăria Galați, împreună cu toate colegele mele, iar la repartiția posturilor în învățământ eram deja doamna Nicodimescu Aurelia.

Tabloul primei căsnicii

Tabloul căsniciei noastre a început cu o sarcină, bineînțeles. Pe vremea aceea nu existau metode contraceptive moderne, așa că, ani de zile, am tot luptat cu sarcinile ivite pe neașteptate.

Însă, pe aceasta am acceptat-o și am lăsat-o.

Deja eram căsătoriți, ceea ce însemna că „gura lumii" nu mai avea ce bârfi.

În iulie 1977, am făcut o nuntă mare și frumoasă, la Măcin. Petrecerea s-a întins pe trei zile, după tradiția din Dobrogea. Am fost o mireasă cu un abdomen plat, sarcina mea fiind abia la început.

Seara ne-am dus la biserică pentru cununia religioasă, apoi la restaurant, toată noaptea.

A doua zi după-amiază s-au strâns multe femei din Măcin, când nașa mi-a pus un batic pe cap și am primit foarte multe cadouri pentru căsnicia proaspăt sărbătorită.

A treia seară, numită seara „potroacelor", iar s-au adunat la noi acasă câteva familii pentru ciorba de potroace și alte bucate bine pregătite. S-a dansat – tocmisem o formație de muzică ușoară – și oamenii s-au distrat până în zori.

După atâtea zile şi nopţi de petrecere, am fost aşa de solicitată şi de obosită încât, atunci când am plecat cu toţii în Galaţi, capul meu bubuia de durere.

Terminasem nunta cu bine, ne întorceam acasă, la Galaţi. Am căzut lată în pat. Am refuzat să mă mai ridic. Aveam nevoie de linişte. Rudele venite la noi s-au mutat la naşii mei care stăteau faţă în faţă cu apartamentul nostru.

Tabloul acesta cuprinde mult alb, deoarece am fost o mireasă tânără, cu o rochie albă, minunată.

A fost multă culoare, lumină, veselie.

Dar el a început să se întunece pe parcurs. Pe acest tablou încep să apară culori reci, negru, gri şi albastru închis. Deja norii se arată încă din prima seară petrecută în Galaţi, după nunta noastră dragă!

La un moment dat al serii, soţul meu a intrat în dormitorul unde mă odihneam şi m-a invitat să merg la naşii mei pentru a fi alături de toţi invitaţii.

Am refuzat, motivând adevărul: că nu sunt în stare să mă ridic. A insistat. Eu am continuat să refuz.

Deodată, m-a întors cu faţa în sus, s-a aşezat pe picioarele mele şi a început să mă lovească peste faţă... vai!

„Ce fac acum, Doamne?"

Şocul a fost aşa de puternic, eram paralizată de uimire, durere şi supărare. Ce este nebunia asta?

Din prima seară petrecută după nuntă, fusesem bătută fiindcă mă durea capul, eram extrem de obosită şi nu puteam să merg să continui distracţia?

Din acea seară, căsătoria noastră de fapt s-a terminat!

Am stat împreună șapte ani, pe care i-am trăit într-o frustrare totală. M-a durut sufletul pentru că se repeta viața mamei mele și nu cred că meritam să încep așa. Mă doare și acum când scriu. De multe ori am fost acuzată că sunt vinovată că am ajuns într-un final la divorț, dar prima seară cred că și-a pus definitiv amprenta pe restul vieții. O femeie abuzată atât de curând după căsătorie nu poate merge înainte ca și cum nu s-ar fi întâmplat nimic.

Mă întrebam mereu: „Asta să fie tot? Așa voi trăi toată viața?"

Aveam 20 de ani, eram o tânără înaltă, frumoasă, aveam idealuri, dar zborul a fost întrerupt brusc... ABUZ FIZIC ȘI EMOȚIONAL!

Până la această superbă vârstă auzisem tot felul de înjurături, blesteme asupra mea, încasasem bătăi, dar văzusem și bătăile altora și emoțional eram extrem de afectată. Așa că se continua la fel și căsnicia mea!

Dar nu asta am așteptat, nu la asta am visat, nu la asta am sperat. Deveneam tot mai pesimistă. Nu aveam amintiri frumoase, nu aveam „modele" pe care să le urmez. Așteptam iubire, așteptam să ducem o viață liniștită, altfel decât a părinților mei.

Pesimismul, mânia, uimirea că soțul meu a putut reacționa așa de violent, mi-au paralizat sufletul.

De ce suntem pesimiști?

Fiindcă gândirea pesimistă e întotdeauna centrată pe aspectele negative ale trecutului, cât și ale viitorului, acest proces provocând neliniște, frământare, frică. În

23

mintea pesimiştilor, viitorul este inevitabil sumbru.

Am început să trăim cumva, mai bine, mai rău, mai... cum puteam.

Scopul nostru era lupta pentru supravieţuire, salariile erau foarte mici, trăiam de la o zi la alta. Devenisem specialistă în bucătărie. Alte activităţi nu aveam, în afară de cele patru ore de predare la şcoală.

Pe 15 martie 1978, am adus pe lume un băieţel firav, sensibil, o fiinţă divină, un dar al nostru, pe care l-am numit Cristian Alexandru. După naştere, nu m-am mai putut ridica în poziţie verticală, am rămas cu dureri insuportabile de mijloc, probabil că la naştere am împins puternic şi asta a afectat coloana vertebrală aşa de tare. Durerile mi-au luat bucuria naşterii. La trei săptămâni de când micuţul venise pe lume, am fost internată la obstretică şi am suferit un chiuretaj, da, o altă provocare prin suferinţă!

În timp ce mă aflam în spital, cu bebeluşul în cameră, am trăit poate singurul moment intim dintre mine şi propriul copil. Vorbeam şi plângeam şi îmi vărsam sufletul în faţa micuţului, care îşi punea mânuţele lui gingaşe pe pieptul meu, când îl alăptam. Acesta rămâne singurul moment de apropiere maximă între mine, ca mamă, şi fiul meu.

Apoi, legătura noastră frumoasă a fost brusc tăiată. Mama mea a venit şi mi-a luat băiatul. Am înţărcat din cauza medicamentelor şi pe el l-a luat la Măcin pentru a-l îngriji şi creşte.

Eu trebuia să mă întorc la şcoală, deoarece salariul acela foarte mic se diminuase cu 35 de procente, ceea ce ne afecta familia. Erau facturi de plătit, întreținere etc. Am revenit la muncă după o lună, iar fiul meu nu s-a mai întors în Galați, decât după zece ani. Deși am avut discuțiile aprinse cu mama pentru a-mi recăpăta copilul, ea a rămas hotărâtă și dominantă și nu mi l-a dat. Creșterea și dezvoltarea sa mentală și fizică a urmat același tipar impus de părinții mei. Și el a avut parte de boală, înjurături, scene de violență, vorbe grele, blesteme etc.

Atmosfera din familie, valorile morale ale celor care îi cresc se imprimă pentru toată viața în mintea copiilor.

Nu am văzut băiatul decât duminica, nu am fost alături de el în fiecare zi, să-l strâng în brațe, să-i povestesc, să-l educ, mi s-a luat dreptul de a-l crește, ceea ce mie și lui Cristian ne-a marcat toată viața. Mama mea a fost pe primul loc în inima copilului, eu am stat mereu în umbra lor.

Recunosc că a fost o greșeală teribilă, cu repercusiuni, pe partea de relație mamă-fiu, până azi. Cred că zâmbetul și cumințenia micuțului nostru ne-ar fi unit și ar fi dat un scop real fiecărei zile. Deciziile luate egoist și incorect se plătesc în viață. Acum nu mai pot repara nimic.

Au urmat șapte ani de căsnicie cu suișuri și coborâșuri, cu discuții aprinse, cu multe neîmpliniri. După experiența a două căsnicii ratate, pot afirma cu certitudine că multe cupluri intră în viață total nepregătite, fără principii morale, fără scopuri, viziune și valori comune. Fiind mereu singură, am găsit un refugiu în tot felul de excursii pe care le făceam cu elevii. Soțul meu a făcut liceul la seral, exact cât a ținut căsnicia noastră. Eram mereu singură până seara, târziu.

Am organizat multe excursii în Bulgaria, în țară, în stațiuni montane, îmi plăcea foarte mult Soveja, am devenit ghid la O.J.T. și B.T.T. Galați. Stăteam în față și vorbeam la microfon, conduceam grupul.

Într-un an, am plecat ca turistă în Kiev, Moscova etc., pe o iarnă deosebit de grea. În Moscova am avut privilegiul de a vedea renumitul balet „Lacul lebedelor". Altă țară, altă cultură, altă civilizație, altă dezvoltare. Se pare că România rămăsese mult în urmă în toate domeniile. Eram în comunism. Aveam rație la toate produsele de bază. Nopți întregi stăteam la cozi imense la lactate. În frig, în ger, eram mereu acolo. Îi duceam duminica și lui Cristi, la Măcin iaurt, lapte etc. Mama mea stătea și ea pe la tot felul de magazine, la coadă, la alimente. Nu aveam pampers, spălam tone de rufe la o mașina simplă, semiautomată, ne aflam într-o continuă luptă pentru supraviețuire.

Un alt aspect care a umbrit acest tablou al vieții mele au fost sarcinile. Pe vremea comunismului, nu aveai voie să faci avort. Era politica statului român de a spori natalitatea. În fiecare an, constatam cu groază că iar am o sarcină. Ani de zile am întrerupt sarcinile prin metode rudimentare, acasă, noi doi, eu și soțul meu. Ne-au măcinat pe interior aceste lucruri, nu eram conștienți că păcătuim în fața lui Dumnezeu, dar alegeam să facem ce este interzis. Aceste decizii au avut mai târziu impact asupra sănătății mele.

Am ajuns la spital cu o infecție puternică după un

astfel de avort. Am ajuns şi la miliţie, riscând să merg la închisoare, dacă declaram că mi-am produs singură avortul. Au fost ani cu multe nuanţe de culori, au fost ani în care ne-am condus după propria noastră minte, o gândire imatură. Am trecut singuri prin viaţă, bazându-ne doar pe noi doi.

După şapte ani de la naşterea copilului, am hotărât să ne despărţim. De fapt eram despărţiţi în inimile noastre de mult, am prelungit doar suferinţele. Eu şi fiul meu am obţinut în urma divorţului două camere într-un alt cartier din Galaţi, iar soţul meu şi mama lui plecau în alte două camere, în acelaşi oraş.

Dorinţa mea urgentă era să scap, să pot trăi liniştită, s-o iau de la început, să-mi văd de viaţa mea. Credeam că voi avea o viaţă mai bună. După mulţi, mulţi ani am citit în Scriptură, opinia supremă a lui Dumnezeu asupra căsătoriei şi m-am înfiorat!

Atunci am realizat că iar luasem o decizie complet greşită.

Iată ce este scris în Marcu 10 : 9:

„Deci, ce a împreunat Dumnezeu, omul să nu despartă."

După ani de zile de la primul divorţ, am mai citit în 1 Corinteni 7 : 10 următorul principiu moral spus de Apostolul Pavel:

„Celor căsătoriţi, le poruncesc nu eu, ci Domnul, ca nevasta să nu se despartă de bărbat."

Atunci am înţeles că îi supărasem pe toţi: părinţi, copil, pe Însuşi Dumnezeu! Atunci am înţeles că încălcasem jurământul căsătoriei.

Nu aveam ce face, durerea m-a copleşit şi veţi vedea ce s-a întâmplat mai departe, în următorul tablou al vieţii mele.

Aşa s-a încheiat un capitol! Cu multă durere, cu multe schimbări, cu multe vieţi afectate!

Să trecem mai departe, împreună, la alt tablou, unul furtunos de-a dreptul, ca marea învolburată şi dezlănţuită în furtună!

Tabloul celei de-a doua căsnicii

„Nici un vânt nu este favorabil unei corăbii fără port de destinaţie."

Seneca

Am intrat într-o altă etapă a vieţii, proaspăt divorţată şi cu sănătatea deja şubrezită. M-am retras în noul apartament. Acolo m-am obişnuit greu, fiindcă nu era un cartier liniştit, ca cel în care am stat cu soţul meu. Am făcut curat, am luat un pat nou şi am petrecut câteva luni singură. L-am adus şi pe Cristian care intra în clasa I la o şcoală chiar de lângă casa mea, dar a venit mama mea şi iar l-a luat la Măcin, fiindcă era foarte frig la bloc. La ea erau sobe cu teracotă şi era cald şi bine. Am rămas iarăşi singură, între şcoală, casă şi repetiţii la Corul Sindicatului Învăţământului, unde activam de opt ani.

Repetiţiile la cor se făceau în frig, ne obligau practic, în comunism, să mergem la spectacole, la diverse acţiuni. Totul era sub obligaţie politică.

În anul 1985, în iunie, de Ziua Învăţătorului, am participat ca soprană în cor, la un mare spectacol dedicat acestei zile.

De dimineaţă, mi-am pregătit costumul de coristă, o

fustă de catifea de culoare albastră şi o cămaşă albă.

Am ajuns la Casa de Cultură, m-am îmbrăcat în hainele de spectacol, am cântat melodii patriotice dedicate ţării şi conducătorilor ei de atunci, Elena şi Nicolae Ceauşescu şi, când am terminat, am fost invitaţi toţi membrii corului la o masă mare, pe terasa Hotelului Turist din Galaţi, ca recompensă din partea Sindicatului Învăţământului, pentru munca depusă în acel an.

Se mânca bine, se dansa, se socializa. Eram doar cei de la cor.

Eu stăteam la masă cu o colegă, Tuţa, care mi-a făcut în ziua aceea o surpriză. Ştiindu-mă de câteva luni bune divorţată, a vorbit despre situaţia mea cu soţul ei, hotărându-se să-mi facă cunoştinţă cu prietenul lor, Octavian, acesta fiind şi el divorţat de ceva timp.

Deodată, din depărtare, au venit spre noi Octav şi soţul colegei mele. S-au prezentat, am făcut cunoştinţă rând pe rând şi am luat loc la masa noastră. Eram în formaţie completă.

Timidă şi retrasă în mine, mi-era şi ruşine să mă uit la noul-venit. Era vesel, vorbea mult, domina prin prezenţa sa impunătoare. Era un bărbat înalt, suplu, avea un păr frumos, ondulat. Mi s-a părut „prea mult pentru mine!"

Aceasta a fost prima reacţie la vederea acestui om. Şi „prea mult" s-a dovedit pe parcursul următorilor 17 ani a fi, într-adevăr, „prea mult". Intuiţia mea a funcţionat perfect.

M-a invitat la dans, am luat masa împreună, apoi am plecat toţi patru la o altă prietenă.

Am aflat că este navigator și cutreieră mările și oceanele lumii. Nu înțelegeam eu atunci ce rol va avea această profesie în viața mea. Nu am înțeles ce însemna prietenia cu un om care venea și pleca. În această profesie îți trebuie nervi de oțel și tărie de caracter, motivație și scop precis. O viață împărțită cu un navigator te privează de multe lucruri pe care le poți face când ai parte de o slujbă normală.

După câteva săptămâni de prietenie, în care inima mea se prinsese în lanțul iubirii, m-a anunțat că pleacă în cursă, și a plecat în Grecia: două luni și jumătate, un preț prea mare de plătit. Dar ne plăceam, ne povesteam, cântam împreună, aveam o prietenie frumoasă. Eram doi oameni maturi, despărțiți, fiecare cu câte un copil, eu cu un băiețel de șapte ani, el cu o fetiță de șapte ani. Nu m-am gândit de prima dată la căsătorie. Nici nu îmi mai trebuia, după cele îndurate. Voiam doar o prietenie, să ies, să ne cunoaștem, să văd punctele comune, compatibilitatea, tot ce poate fi important într-o relație corectă și potrivită.

Când s-a întors, stând ceva timp acasă, la Galați, m-a prezentat părinților și rudelor, iar apoi m-a anunțat că pleacă – din nou – pentru două luni și jumătate. Prietenia noastră s-a dovedit a fi extrem de scurtă. Eram răvășită emoțional. Însemna „ceva" acest om și îi simțeam acut absența. Și-a luat rămas bun în decembrie 1985 și nu s-a mai întors în termenul stabilit, ci după zece luni. Între timp, vasul românesc a fost arestat în Franța și tot echipajul a stat acolo până ce s-au rezolvat problemele.

Banii erau foarte puțini pe atunci și nu și-ar fi permis să se întoarcă în țară pe cont propriu. Pentru mine cele zece luni au însemnat un chin emoțional.

Dar cireașa de pe tort a fost că rămăsesem însărcinată și, dacă s-ar fi întors în două luni, cum era stabilit, am fi rezolvat onorabil această situație, căsătorindu-ne. Dar așa, după nouă luni am născut al doilea copil, fără tată, ceea ce a însemnat pentru mine și familia mea destulă frustrare și rușine.

Practic, am trecut printr-o situație neașteptată și ciudată care nu putea fi controlată de noi în niciun fel. El în Franța, eu în Galați. Ce să fac? Cum să rezolv situația? Imaginea de sine și încrederea în mine au scăzut. Parcă toți se uitau întrebători și erau curioși să vadă ce se va întâmpla.

Mulți își dădeau cu părerea, nu erau siguri că acest bărbat se va întoarce și va recunoaște fetița. Toți au așteptat multă vreme. Fetița a purtat mai întâi numele tatălui meu, apoi situația ei civilă s-a normalizat printr-un proces de recunoaștere a paternității deschis de Octav, la întoarcerea lui.

Nici când s-a întors după luni de zile nu am vrut în inima și mintea mea să mă căsătoresc, deoarece nu ne cunoșteam, nu aveam experiențe împreună, nu știam cum reacționează în diferite situații de criză, nu-i știam valorile morale, nu avea practic, la ora aceea, decât o geantă mare de lucruri, un copil și atât!

În adâncul inimii mele, în cele mai ascunse cotloane ale ei, am știut că „ceva" nu este cum aș fi avut eu nevoie.

Tatăl său a fost cinstit cu mine și m-a avertizat într-un mod care ar fi trebuit să mă trezească:

„Ce ai găsit la el? El este un aventurier, azi aici, mâine departe! Nu te lega de el!"

I-am răspuns sigură pe mine: „Dar îl iubesc!"

În august 1986, el a ajuns în sfârșit în Galați, eu născusem de trei luni și fetița era frumoasă, dormea în pătuț, când acest „munte de om" s-a aplecat în genunchi și a sărutat-o spunându-i la ureche: „fata tatii!"

A fost momentul cel mai emoționant al vieții mele. O îmbăia, o înfășa, el stătea acasă cu ea, eu plecam la școală, fiindcă în acest caz, după cinci luni, mi-am reluat activitatea profesională. Banii erau insuficienți, cursele cu vaporul extrem de rare, salariul meu rămânea baza.

Imediat ne-am căsătorit, pe 31 august 1986, și fetița a primit numele tatălui. În ziua nunții noastre, când a avut loc cununia civilă și cea religioasă, au fost trei evenimente care mi-au dat de gândit pe parcursul anilor, evenimente puternice, profetice.

Dimineața ne-am trezit cu inundație în toată casa, apoi a plouat foarte tare și, în final, noaptea, a fost un cutremur foarte mare, care ne-a făcut pe toți să fugim pe la casele noastre. Am ajuns și noi târziu și ne-am liniștit pentru că mama, tata și fetița erau bine, dar sperietura a fost pe măsură. Soțul meu ne-a explicat că atunci când vaporul lui se află în furtună este mult mai periculos, decât cele câteva secunde de cutremur.

Cred că pentru el profesia aceasta a fost provocarea vieții lui și mereu îi mulțumea lui Dumnezeu că a scăpat din fiecare călătorie cu viață. Din experiențele prin care trecuse, căpătase o anume înțelepciune. Mereu ne spunea zicale românești.

Partea întunecată a relației a venit din felul meu de a gândi. Eram rigidă și încăpățânată. Nu voiam decât ca toți să facă după cum gândeam eu, ceea ce de multe ori se dovedea că nu era tocmai ce trebuia.

Am luat această căsătorie foarte în serios. Am promis în mine că nu voi spune niciodată cuvântul „divorț", am respectat această relație, am suferit de dorul bărbatului meu și, uneori, doream să împărțim sarcinile, să trăim unul lângă altul, să ne dăm valoare și ajutor, dar treceau luni întregi și parcă toate relele se întâmplau când el pleca de acasă. Se pare că deciziile mele erau greșite din punctul de vedere al „omului iubit."

Am să scriu aici doar lucrurile esențiale, voi lăsa lucrurile extrem de urâte deoparte, deorece am decis să păstrez imaginea copiilor mei cât mai curată.

Ei știu deja prin ce am trecut cu toții, nu aș vrea să le afecteze mai mult viața, cu toate că, într-un fel sau altul, ei au fost marcați de trecut.

Lucrurile au luat o întorsătură nedorită între școală, singurătate, cozi la alimente, copil mic, frig, umezeală, igrasie, muncă și iar muncă. Psihicul și fizicul meu se tot deteriorau și nu puteam face nimic, fiindcă nu știam încotro să merg. Cred că cel mai mult m-au afectat relațiile cu soții mei. Vedeam că nu reușesc să fac față la căsătorii, nu aveam pe cineva inteligent, cu viziune, lângă mine, să mă învețe. Mă conduceam după instincte.

Sistemul nervos cădea tot mai mult. Stilul de viață era complet nesănătos. Mâncam foarte multă margarină, pâine, dulciuri, carne, tot felul de amestecuri nesănătoase, așa cum învățasem acasă. Obiceiurile greșite se prelungeau peste generații!

După mulți ani am aflat ce rol au avut margarina și dulciurile în corpul meu. Lipsa de energie devenea din ce în ce mai mare.

Deoarece duceam o viață de femeie tânără, măritată și singură, aveam nevoie permanentă de soțul meu. Cu cine mă întâlneam, vorbeam numai despre el. Sufeream mereu de dorul lui și acesta a fost un factor care a dus la accentuarea unei tristeți și nemulțumiri care punea stăpânire pe mine. Femeile au nevoie să fie iubite. Ceea ce surprinde este că, adânc în sufletul unei femei, zace o îndoială că bărbatul ei o iubește cu adevărat și că împreună au o relație frumoasă.

Acest sentiment nu este conștientizat, dar o dată declanșat, majoritatea femeilor manifestă o tristețe adâncă până la rezolvarea problemei.

Ne-am mutat de la două camere la patru, am făcut curat luni de zile, am ridicat saci de ciment, materiale, am stat în frig și asta a condus la discopatia mea lombară care, de la 29 de ani, mi-a îndurerat fiecare zi a vieții. Timp de 20 de ani, zi de zi, am avut dureri mari de spate și picioare, iar bolile se adunau, una câte una, ca un ciorchine de strugure.

Munceam cu râvnă când soțul meu era plecat, ca să-l mulțumesc, să avem curat, copilul mic sănătos, să fie bine.

Dar, la un an de la nașterea fetiței, aceasta s-a îmbolnăvit așa de rău încât, fiind tot singură acasă cu ea, am crezut că voi înnebuni și că o voi pierde.

Micuța avea bube în gură, pe buze și în interiorul corpului, nu mai mânca deloc, slăbise așa de tare, încât era clar că va pieri. Eu am dus-o la medic, i-au făcut ce au putut și minunea a fost că tatăl ei a revenit în țară și a preluat el povara aceasta. Ne-am dus la medicul pediatru și i-a dat ceva care a salvat-o.

Am simțit de multe ori că prezența soțului în familie este covârșitoare, atunci când este o prezență benefică, de încurajare și unitate. Când era el acasă, eram mai ușurată cumva, dar când pleca nu știam ce e cu mine, eram nesigură și nu știam dacă mă iubește, dacă mă poartă în inima lui, dacă, dacă, dacă...

Studiile făcute asupra „vieții lăuntrice a femeilor" au arătat că motivele care duc la nesiguranța soțiilor vizavi de soții lor sunt:

1. Conflictul, care poate fi tradus de o femeie prin vorbele: „mă simt disperată atunci când soțul meu este nemulțumit de mine. Știu că par de modă veche, dar chiar dacă sunt o persoană destul de independentă, mă afectează totuși".

2. Interiorizarea bărbaților, în stări de conflict. Bărbații preferă adesea să tacă, să evite sentimentele nedorite. De regulă, bărbatul, dacă se interiorizează sau este indispus, o face pe soția lui și mai „nefericită".

3. Tăcerea este un dușman incontestabil între partenerii căsătoriți. În loc de tăcere, poate ar fi mai indicată discuția liberă și trecerea din starea de problemă în starea de soluție, ca astfel robinetul stresului să se închidă definitiv.

4. Probleme de relație nerezolvate, pe care majoritatea bărbaților le ignoră.

5. Lipsa de acasă a bărbatului a contat enorm în căsnicia mea de 17 ani. Absența lui mă făcea să fiu foarte nesigură și confuză. De multe ori, în ani de zile, eram acasă amândoi și, dacă aveam un conflict, el se ridica și pleca timp îndelungat sau îmi spunea, parcă vrând să „taie" în carne vie: „Consideră că sunt plecat pe mare!"

Era un paradox, fiindcă așteptam așa de mult să fim cu toții, încât vorbele acestea nu aveau sens! Era o cruzime!

S-a dovedit că nevoia femeilor de a fi curtate, iubite și prețuite de soțul lor este echivalentul dorinței fizice a bărbaților față de soțiile lor.

Ori, cred că am avut mari neîmpliniri la capitolul DRAGOSTE!

Neavând parte de afecțiune, am început să mă usuc zi de zi, să mă scald în nemulțumire, iar picajul psihic și cel emoțional s-au agravat treptat.

O femeie are nevoie de securitate emoțională și de apropiere fizică atât de tare, încât va trece și peste siguranța financiară, doar ca să aibă parte de ele. Banii vorbesc, dar siguranța emoțională cântă de-a dreptul. Mi-era frică, în patru camere, la parter, mi-era greu în casa aceea imensă și friguroasă, uneori înghețam în pat și-mi doream cu ardoare să mă cuprindă brațe soțul meu iubit ca semn de tandrețe și putere.

Au trecut peste noi, cred, vreo șapte ani. Când fetița a intrat la școală, niște atacuri de anxietate puternice au năvălit de-a dreptul peste stomacul meu și viața mi s-a schimbat brusc. Anxietatea era așa de puternică, încât mă punea direct în pat, în tremurături grozave.

Suferisem de o infecție foarte periculoasă care apăruse în zona gâtului pe partea dreaptă, care a fost operată, și contactasem deja o alergie la toate alimentele, la microbi, puf, polen, tot ce era în atmosferă. Astfel, sistemul imunitar a înregistrat și el o cădere periculoasă pentru sănătatea mea. Orice mâncam îmi făcea rău, mi se umflau ochii, buzele, arătam groaznic, chemam Salvarea, îmi făceau injecții și mă țineau ore întregi sub observație. S-a dovedit a fi vorba despre boala numită „Edem Quinke".

Dacă nu se intervenea rapid, puteam muri pe loc. Asta mi-a redus puterile din ce în ce mai mult. Eram complet speriată de trupul meu și nu puteam să mai fac prea multe activități.

Soțul meu a avut o unică ocazie să mă vadă și s-a speriat atât de tare încât mi-a spus, parcă șocat de cum arătam, umflată: „Aceasta nu este veverița mea!" Îmi spunea de multe ori „veveriță". Poate pentru că eram plină de viață și neastâmpărată ca o veveriță.

Eu cred că el vedea cum eu mă pierd de mine și cum mă transformam, probabil că mă depărtam tot mai mult de soția care fusesem la început.

Dar stresul și viața dezorganizată, munca și neajunsurile mă trăgeau în jos, până când am căzut...

Am căzut la pat într-o depresie urâtă, care a ținut ani întregi, ani din viață pierduți, ani pe care nu-i mai pot recupera niciodată, ani în care nu am avut grijă de copiii mei, ani în care toate simptomele despresiei m-au răvășit și m-au chinuit continuu, ani în care nu am râs, nu am putut să-mi văd de viață şi de familia mea dragă. Bolile m-au doborât.

Aşa că, prin anul 1992, am fost internată prima dată într+un spitalul de psihiatrie pentru că eram cuprinsă de o oboseală groaznică, care mă sfârşea. Tulburarea şi întrebările mă frământau.

Ştiți cum era?

Mintea era alertă, gândurile erau acolo, dar corpul fizic căzuse.

Mintea gândea: „Ce mă fac în această stare? Îmi pierd bărbatul! Copiii nu sunt îngrijiți! Cine le face de mâncare? Cum achit facturile? Ce mă fac? Cum fac?"

Cel mai trist era că toți tăceau, că nimeni nu avea nicio soluție, că nici un om nu vorbea cu mine, că la oamenii cunoscuți nu am găsit sprijin şi alinare. Ba parcă toți fugeau, se închideau în ei, mă simțeam abandonată fără socializare şi comunicare.

Casa noastră era la parter, umbroasă, neluminată, foarte rece şi igrasioasă; zece luni din an tremuram continuu. Doar vara mă mai încălzeam cumva. Când mă gândeam să mă întorc acolo, mă apucau frigurile morții. Dezvoltasem şi o arteroscleroză, vasele de sânge erau înfundate de la consumul haotic de grăsimi, carne, dulciuri, sângele nu circula bine, eram rece ca gheața şi-mi era imposibil să mă încălzesc. Stăteam veşnic îmbrăcată foarte gros. Băiatul meu deja era uimit, poate că îşi dorea din inima lui ca mama să fie o persoană sănătoasă şi drăguță.

Cei doi copii m-au văzut în această stare până când au împlinit 18 ani. Mi s-au modificat total percepțiile despre viață și oameni, nu mai plăceam nimănui, nu mă hrăneam, nu dormeam bine, eram hipersensibilă la zgomote, fără muzică, fără TV, fără nimic. Eram o povară pentru toată familia.

Voi regreta mereu ziua în care am ajuns la Psihiatrie, pentru că, astăzi, știu din experiența mea că existau soluții alternative.

Am un tablou de ansamblu asupra acestei boli crunte și cred că sunt multe căi de a o depăși.

În loc de o familie fericită, concedii, armonie și frumusețe, viața mi-a oferit boală, mizerie, tristețe, lacrimi, multe lacrimi, dezamăgire și umilințe. Decepția devenea puternică atunci când zăceam ca o legumă în patul de spital și mă îndopam cu antidepresive, medicamente care parcă îmi dizolvau creierul. Celulele nervoase erau moarte, nu mă puteam concentra, memoria dispăruse, voiam să mor, voiam să nu-i mai chinui pe ceilalți. Voiam să nu-i mai chinui pe ai mei, toți cei dragi. În anul 1994, am luat un tub plin de antidepresive, m-am băgat în plapumă și am adormit.

După cinci zile de comă profundă m-am trezit într-un spital rece și neprimitor.

Când m-am ridicat de pe o masă înaltă, am căzut ca bolovanul pe podeaua de gresie și am rămas fără vlagă acolo.

Cinci zile, în care am fost între moarte și viață.

Doamne, îmi revăd viața, mă revăd umilită, neiubită și disperată. Mă revăd spartă în mii de cioburi... cioburi de om. Viața prin spitale a fost distructivă, am văzut acolo multe lucruri grave. Deja mintea mea se scufundase într-un abis întunecat, zăceam câte 18 ore în pat, dar, în chinuri grele, mergeam la şcoală. După patru ore de muncă, parcă simţeam că îmi curgea sânge în creier. Mă durea tot capul, era gălăgie, mă dureau ochii, picioarele, mijlocul, eram anchilozată, fumam, tremuram continuu.

Dacă vreunei colege, vreunui om i-ar fi trecut cumva prin cap să mă îndrume spre o vitaminizare şi mineralizare puternică, permanentă, poate dacă cineva ar fi citit despre depresie şi mi-ar fi dat câteva sfaturi utile, cred că mi-aş fi revenit. Aveam grave carenţe de substanţe nutritive în corp şi o carenţă mare de DRAGOSTE. În loc de apă, ani de zile am băut ceai, ceea ce este o mare greşeală. Am purtat ani în şir o infecţie gravă la rinichi, mereu analizele arătau prezenţa unui microb în organismul meu.

Am citit apoi că rinichii bolnavi dau despresie şi că dacă aceste „mici boabe de fasole", care au un rol atât de important în organism, ar fi perfect sănătoase, spitalele de psihiatrie s-ar închide. Am învăţat din suferinţe multe lecţii de viaţă, fiindcă m-am apucat să citesc, să studiez cât mă ţinea mintea, voiam să ştiu de ce am căzut şi cum pot să mă ridic. Voiam să mă ridic, dar nu aveam soluţii. Dependenţa de antidepresive a devenit puternică. De atunci, din 1992, sunt dependentă de o pastilă de somn, în fiecare seară. Încă nu am soluţii pentru a fi eliberată de ea, doar rugăciunea. Lumea medicală te ţine strâns legat de chimicale, dacă vorbeşti cu un doctor, el va şti să-ţi prescrie o reţetă şi atât. Nu se implică emoţional în viaţa ta, te abandonează ca persoană. Aşa au fost formaţi la înaltele şcoli pe care le-au urmat.

În psihiatrie, te aruncau pe pat, îți aduceau trei pastile, de trei ori pe zi, și doar la vizite scoteau două-trei vorbe. În schimb, rețin cu claritate un aspect care, după ani de zile, după ce am studiat atâtea cărți, pare a fi cel adevărat.

Medicul care m-a tratat ani întregi îmi spunea mereu: „Nu școala (pe care dădeam eu vina pentru depresie) este cauza bolii tale, ci situația de acasă". Se pare că a avut dreptate. Armonia din cuplu aduce bunăstare întregii familii. Iubirea și respectul aduc beneficii pe termen lung. Eu proclam dialogul civilizat. Dacă eu am greșit, îmi doresc din inimă să nu mai greșească și alții! Viața o avem o singură dată și căsătoria este sfântă. Acum știu!

Viața înseamnă o serie de probleme. Ce ne dorim: să ne văicărim sau să le rezolvăm?

Realitatea cu provocările ei este un profesor minunat. Ne ajută să învățăm unele dintre cele mai valoroase lecții. Lumea nu se va face responsabilă de fericirea noastră.

Deci, dacă mă întorc la depresia mea, potrivit medicului psihiatru, cauza ei era lipsa armoniei în familie. Acest om cu multă carte, avea chiar o Biblie cu cruce pe biroul lui de lucru și când m-a invitat într-o după-amiază câteva minute la discuție, m-a îndrumat politicos să-mi iau un bilet de stațiune și să fac cunoștință cu un alt domn, ca să înlocuiască lipsa soțului meu. M-am cutremurat și l-am întrebat dacă asta este soluția pe care dânsul o vede pentru mine.

„Da, sigur", a răspuns el.

L-am întrebat uimită: „Dar, cu Biblia aceea cum rămâne?" A răspuns rapid: „Lasă... nu-ți trebuie ție aia!" Și, după atâția ani, chiar cartea aceea mi-a trebuit ca să-mi rezolv toate problemele: Scriptura.

Aveam nevoie de ajutor, aveam nevoie de un sfat, de căldură sufletească! Stăteam în colțul blocului și nu voiam să merg în casa aceea rece, în temnița întunecată. Vedeam oamenii cum trec și nu știam decât de prăbușirea și necazul meu. Rătăceam prin lume, pierdută. Mă trec fiorii câți ani am umblat așa pierdută. Purtam în inima mea un strigăt după ajutor și după lumină. Voiam să mă regăsesc, dar nu mai eram aceeași de altă dată. Mereu paralizam, făceam infiltrații în umăr, în discuri, în șezut, mă simțeam ca un ciur prin care cerni praful gălbui sau alb. Eram mânioasă că mi se întâmplau toate relele doar mie. Înlăuntrul meu era o rană și nu puteam vorbi decât de durerea și suferința mea. Aveam internări repetate la spital, concedii medicale, era „o casă a tristeții", casa mea. Gândurile negative intră în bagajul împovărător al depresiei. De fapt, ele hrănesc depresia și adesea o prelungesc inutil. Unele stereotipuri negative câștigaseră o asemenea independență în mintea mea, încât se repetau la nesfârșit, asemena unei plăci de gramofon zgâriate. Îmi spuneam: „Sunt ratată. Nu reușesc nimic. N-are cum să se schimbe ceva! Nu voi scăpa de depresie. Ce mă fac? Ce să fac cu copiii?" Fiecare din aceste gânduri nu făcea decât să întărească și mai mult convingerea puternică a unei înfrângeri. Plângeam mereu, nu mă mai uitam decât în treacăt în oglindă, mă simțeam inutilă și deznădăjduită.

Stările de boală fizică afectau și stările mentale și spirituale. Trupul și inima se făceau una. Am fost plimbată pe la ghicitori, preoți, tot felul de personaje din lumea ocultă și cea religioasă. Atacurile erau furibunde, auzeam voci care îmi spuneau să mă omor. Vocile astea m-au urmărit câțiva ani. Și știți ce? Nu aveam credință, nu aveam speranță, nu credeam în nimic. Eram singură în celula întunecată. Deseori mâncam pâine albă, margarină, brânză și cafea. Apoi vomitam mereu și aveam dureri insuportabile de cap. Nu făceam mișcare, nu ieșeam în oraș, stăteam în plapumă, tremurând de frig, în mucegaiul care se infiltrase peste tot.

Dar, într-o zi, ceva s-a întâmplat! În marea mea zbatere interioară, Cineva mă cunoștea și îmi pregătise o surpriză, o cale, un drum lung de întoarcere, complet diferit.

Mama unei eleve din clasa la care eram dirigintă a venit la mine. Era o iarnă grozavă și i-a fost milă. M-a invitat să dorm la ei, căci aveau mai multă căldură. Am tot vorbit și apoi m-a culcat în sufragerie. Mă aflam în familia vărului soțului meu. Amândouă fetițele, Alina și Georgiana, mi-au fost eleve. Tatăl lor mergea la o biserică din Galați. Îmi tot vorbise despre Dumnezeu, dar eu fumam, eram foarte bolnavă și nu puteam să mă concentrez pe vorbele lui.

M-am trezit dimineața la ora 5. Nu am putut dormi. În camera aceea era o bibliotecă imensă cu multe cărți. M-am uitat peste titluri multă vreme. La un moment dat am văzut: „Boli evitabile". Am citit multe lucruri noi pentru mine. Era vorba despre stres emoțional, despre cauze, despre nevroze, astenii, despre dezastrele fumatului etc. Declic! Nu știam ce să citesc mai întâi. Primul fascicul de cunoaștere!

Iată ce era scris în carte:

„Tensiunea emotivă a minții poate produce schimbări vizibile, izbitoare în corp, schimbări serioase și fatale". Această concepție ar trebui să ne dea o nouă perspectivă asupra condițiilor care sunt socotite adesea în mod disprețuitor ca fiind „imaginații". Astfel de stări psihosomatice (*psyche* = minte și *soma* = corp) care produc stări de vomă, diaree, astm, artrită etc., pe care le posedam și eu din plin, nu erau în imaginație. Erau reale! Ce citeam eu aici? Ce carte am găsit? Asta îmi trebuia mie! Am continuat să mai citesc: „Tensiunea emotivă poate să influențeze cantitatea de sânge ce curge către organism. Emoțiile de neliniște și anxietate pot crește cantitatea de sânge din interiorul craniului rigid, astfel încât pot să rezulte nevralgii și stări de vomă". Hei! Dar eu aveam continuu nevralgii puternice ale feței și dureri de cap, iar mulți ani presiunea din creier a fost așa de mare, încât voiam să „dilat" cutia craniană ca să aibă loc tot ce era în interiorul ei.

Am frunzărit și am găsit ceva despre Dumnezeu. O! Ce fel de carte este aceasta? Am mai citit ceva: „Psihiatria modernă a preluat, pe lângă numeroasele și prețioasele sfaturi biblice, și pe acela de a gândi altruist, ajutându-i pe alții". Ce fel de „bijuterie scrisă" am găsit? Știam că și eu sunt pe jumătate vie și pe jumătate moartă. Știam că sunt cu un picior în groapă și cu un picior afară. Știam și aveam nevoie de soluții, de claritate, de lumină în trup, suflet și minte. Apoi, am citit ceva care m-a uimit cu totul. Nu văzusem așa ceva nici la școală, nici la părinți, nici în cărțile citite până atunci. Iată ce am găsit: „Vă las pacea, vă dau pacea Mea. Nu v-o dau cum o dă lumea. Să nu vi se tulbure inima, nici să nu se înspăimânte". (Ioan 14:27)

Se spunea că dr. Carl Jung a recunoscut importanța relației personale cu Dumnezeu în vindecarea multor boli. Jung scria că dintre toți pacienții lui întâlniți în 35 de ani de practică, nu a fost nici unul care să nu se fi găsit, în ultimă instanță, în fața unei probleme religioase. Mi se pare că, odată cu declinul vieții religioase, nevrozele cresc în mod vizibil.

Pacientul nervos, agitat, dezamăgit, depresiv, fără scop și directive, neiubit și neînțeles este în căutarea a ceva care să-l ia în stăpânire și să-i dea sens și formă, scoțându-l din confuzia sa.

Este medicul capabil să ducă până la capăt această sarcină? El îl va trimite pe bolnav fie la preot, fie la psiholog, ceea ce îi mută responsabilitatea lui pe alții, din alte domenii. Specialiștii în medicina psihosomatică au început să arate că o sumedenie de boli fizice erau produse de invidie, gelozie, egocentrism, resentiment, ură, atribute ale naturii noastre firești. Deci, majoritatea bolilor fizice și phihice ale omului sunt cauzate de activitatea unei forțe interioare a răului.

De aceea, eforturile umane de a elibera omul de o natură rea, înnăscută, care este legată strâns de el, sunt zadarnice.

Trecuseră deja trei ore de când citeam, citeam, cu mintea mea adormită și mă regăseam acolo, între rândurile acelei cărți. Era ora 8 și cei din familie se mișcau prin casă. Știam că ruda soțului meu se pregătea să plece la biserica unde mergea în fiecare duminică. Eram sub influența celor citite și am avut o sclipire, un îndemn, pe care l-am pus în aplicare. Am întrebat dacă pot şi eu să merg împreună cu el.

Aşa am ajuns, într-o dimineaţă de iarnă extrem de geroasă, într-o sală mică, plină de oameni. M-am aşezat pe una din băncuţe şi am ascultat. Era un om simplu care vorbea, un om calm şi cald. Mă uitam în jur, totul era aşa de străin pentru mine. Mi-era rău ca de obicei, eram anchilozată, confuză şi tristă.

La un moment dat atenţia s-a ascuţit. Bărbatul de la amvon vorbea, vorbea şi aud: „Veniţi la Mine toţi cei trudiţi şi împovăraţi, şi Eu vă voi da odihnă". A fost fasciculul de lumină care a declanşat următoarele etape din viaţa mea. Am înţeles! A fost prima atingere cu Dumnezeu, fiindcă am înţeles că nu oamenii şi pastilele şi circumstanţele îmi vor da odihna şi pacea mult visată şi căutată de mine. Eram trudită, bolnavă şi depresivă, dar Dumnezeu îmi vorbise! Da, chiar mie!

El era Singurul care putea să mă odihnească, să mă ajute să ies din strâmtoare, din lanţurile robiei întunericului. Am plecat de acolo, doar cu atât! Nu mai reţin nimic altceva. La auzul acestor vorbe de încurajare, am început să plâng în hohote. Eu chiar de odihnă aveam nevoie! Dar drumul meu a fost extrem de lung, iar venirea mea la bisericuţa aceea a însemnat, de fapt, Începutul. În viaţă, cel mai greu lucru este Începutul. Şi am început o cale, un parcurs anevoios, dar nu imposibil.

Eu nu ştiam decât să fiu iritată, obosită, nervoasă, să fumez, să drăcui, să înjur la fel ca tata, să bat copiii. Ce să fac Doamne? Conştiinţa mea s-a dezmorţit. Era clar că nu eram în cea mai bună situaţie. Auzisem în general de Dumnezeu, dar era un cuvânt care nu avea nicio relevanţă în viaţa mea.

Am mers acasă, în frigul meu, şi m-am băgat în pat. Mi-am pus plapuma pe cap şi m-am ridicat în genunchi. A fost un gest copilăresc care cred că a izvorât din dorinţa mea de mic copil de a fi şi eu ascultată şi luată în seamă. Am început să vorbesc cu un Dumnezeu neştiut, dar am început să spun cu voce tare absolut tot. A fost o revărsare a inimii, o revelaţie practic. Aveam cui să spun, fără rezerve, fără teamă că voi fi criticată, judecată, marginalizată. Aşa am simţit atunci, aşa am făcut! I-am mărturisit lui Dumnezeu toate păcatele mele, de la avorturi, fumat, înşelat, gânduri rele, vorbe de ocară, multe, multe, multe.

Lacrimile nu se mai opreau şi continuam să-I spun Lui ce mă afecta aşa tare! Eram setată mental atât de greşit, încât îmi dădeam seama că doar Cineva de Sus, o minune mare mai poate face ceva pentru mine. Cum să mă schimb? Ce să fac? Ce să fac, Doamne, cu mintea mea, cu toată viaţa mea? Ce? Tot sufletul meu striga după ajutor. La un moment dat, mintea mea s-a luminat şi   m-am simţit extraordinar. Nu a durat mult, iar apoi a revenit întunericul. A fost atât de frumoasă lumina aceea, luminade care tânjeam să fiu cuprinsă în întregime. A fost alt fascicul din lumina mult aşteptată! Oare voi ieşi vreodată din tunelul meu?

Desigur că nu s-au întâmplat minuni. Mi-am continuat existenţa umilă. Însă, acum, îmi dau seama de impactul acelei zile. Dacă nu găseam cartea, dacă nu alegeam să merg la biserică, dacă nu auzeam de posibilitatea de a primi odihnă de la Altcineva decât de la oameni, nu aş fi ajuns aici, azi şi acum!

Au trecut patru ani în care nu mi-am revenit nicidecum. Internări, frig, igrasie, mucegai, alimentaţie incorectă, lipsă de viață, de mişcare, de curaj, de scop, de viziune. Am suferit şi o intervenție chirurgicală. În fiecare vară, în vacanțe, stăteam lată în pat la Măcin, la mama mea. Aveam dureri lombare şi sfârşeala continua – repetitiv, obsedant, obositor.

În 1998, la patru ani distanță de prima tentativă de suicid, iar am luat un tub de antidepresive. Atunci era soțul meu acasă şi a chemat Salvarea. Relația dintre noi fusese întreruptă încă din 1997, când el s-a întors „altfel" dintr-o cursă care a durat zece luni. Atunci s-a produs declicul despărțirii noastre definitive. Atunci de fapt a început divorțul nostru neoficial, dar căsătoria în acte a mai durat şapte ani.

M-am trezit din comă după cinci zile. În toate situațiile a stat alături de mine cumnata mea de la Măcin, Marga, un om care a investit foarte mult în familia mea, un om cu un suflet de aur, asistentă medicală, care venea la Spitalul Județean, vorbea cu doctorii şi-i simțeam prezența, care conta pentru mine enorm. Am rănit sufletul copiilor mei, am rănit viața tuturor, dar nu aveam putere să continui, lupta era prea mare. O dată am auzit în urechea stângă cuvintele: „omoară-te", iar în urechea dreaptă: „nu te omorî".

Într-o zi, stând în pat şi luptând cu agonia mea, am văzut o arătare care semăna cu Diavolul, dar imediat am văzut chipul Domnului Iisus, cu părul Său lung şi cămaşa Lui albă, pe peretele opus.

Acum, după ani de zile, cred cu siguranță absolută că am fost prinsă într-o luptă spirituală acerbă. Voiam să mă las de fumat, mergeam la biserică cu pachetul de țigări în poşetă, la şcoală ieşeam tremurând în nervozitatea accentuată a unui psihic labil şi fumam. Eram dependentă şi fumatul nu-mi făcea bine, eram deja intoxicată, aveam greţuri.

Apoi mi-era ruşine de Dumnezeu, de care devenisem conştientă şi deja nu se cădea să mai continui. Vedeam la biserică oameni care se rugau pentru diversele lor probleme. În acelaşi timp, soţul meu era în voiaj şi a citit şi el din Biblie în timpul său liber. Când s-a întors din cursă, eliberarea de fumat se înfăptuise şi în cazul lui. După mulţi ani, s-a rupt o verigă a lanţului păcatului: dependenţa de a fuma. Cred în bunătatea lui Dumnezeu, care s-a îngrijit să-l elibereze pe soţul meu, ca să nu suport eu fumul de ţigară pe care, din cauza igrasiei şi a alergiei, nu mi-ar fi făcut bine. Aveam astm şi alergii. Am devenit nefumători total, cam în acelaşi timp! Lumină!

Fetiţa mea avea o altă problemă de sănătate care ţinea de şapte ani. Fusesem la medic şi îi dăduse antidepresive ca să nu mai ude patul. Când am văzut denumirea medicamentului şi ce reacţii avea asupra psihicului ei, am strigat: STOP! Nu am acceptat ca un copil de 5-6 ani să fie tratat cu antidepresive.

Ştiu că, într-o zi, în disperarea minţii mele, am coborât din pat, m-am aşezat în genunchi şi m-am rugat lui Dumnezeu şi Fiului Său să-mi vindece fetiţa. Mă îngrozeam că începe şcoala şi ea tot bolnavă era. Apoi, nici eu nu aveam putere s-o îngrijesc mereu. Nu ştiu cât a durat, dar, la 7 ani, fata s-a oprit din a mai face pe ea noaptea. O altă salvare importantă! Alt fascicul de lumină!

Aveam două eliberări: fumatul și enurezisul nocturn! Începeam să întrezăresc cumva că Cineva ne ajută, dar încă nu-L cunoșteam pe acest Cineva! Făceam pași mici, foarte mici, în credință. La biserică, într-una din puținele duminici în care reușeam să mă ridic din pat să plec, am primit o Biblie. Am adus-o acasă, dar nu puteam să citesc din ea.

Dorința mea cea mai mare în perioada aceea lungă de întuneric era să cunosc oameni care au trecut prin boli și suferințe și să aflu cum au reușit ei. De fapt, căutam modele, căutam mărturii, căutam soluții, cum au făcut alții în situații similare. Părea că eram singura care era atât de doborâtă. În jurul meu erau oameni normali, care își trăiau viața, cu bune și rele, dar nu erau atât de jos. Asta a rămas de atunci în mintea mea! Lumea are nevoie de modele de viață! Toți avem nevoie de călăuze vii, de mărturiile altora, de experiențele lor și de modurile în care au reușit. De aceea, am început să scriu pe foi fiecare experiență de viață, ca cineva la un moment dat să citească și să găsească soluții. Și cred că Dumnezeu a văzut inima mea și a lucrat în acest sens, insuflându-mi dorința de a scrie cândva o carte. A fost o viziune care s-a concretizat după mulți ani de umblat de mână cu „Tata". Acum așa îi spun: „Tata".

Când tatăl meu natural a murit, am simțit cum îmi pierd ultima proptea. Atunci, pe un fond de boală, am căzut mai mult psihic. Pierderea tatălui meu a venit imediat înaintea declanșării lungii depresii și ea a însemnat dispariția „stâlpului familiei noastre". Avea atâtea calități native, încât îmi era ciudă că le-a acoperit cu alcool. Dar calitățile ne-au fost transmise și nouă, copiilor și nepoților. Era un om înzestrat, cum nu mulți bărbați se pot lăuda. A avut calități de „lider". Sunt sigură, după ani de experiență, că astăzi ar fi fost un om de afaceri desăvârşit. Avea atâtea idei, era aşa de harnic şi priceput, încât ar fi putut dezvolta o afacere prosperă pentru familia lui.

Însă deciziile personale şi obişnuințele formate de-a lungul existenței sale nu l-au ajutat. Alcoolul a fost duşmanul care a dezbinat şi a îmbolnăvit familia. Dar, ceea ce vreau să subliniez este că restul membrilor familiei nu sunt alcoolici, nu beau şi se feresc conştient de băutură.

La tata, lanțul robiei alcoolului s-a rupt! Un fascicul de lumină! Nimeni nu a mai ajuns alcoolic! Dumnezeu ne-a păzit! Şi comportamentele negative te pot atenționa! Depinde de noi ce alegem în viață, ca să nu fim sclavii dependențelor! Şi dacă vrem cu adevărat, putem învinge tentațiile negative. Alcoolul fură mintea şi percepțiile normale! Alcoolul este un duşman periculos.

Trecusem în anul 1999, an în care soțul meu a terminat definitiv cu navigația. Era şomer. Nu puteam vorbi de ajutor financiar în casă. Ştiam deja că din 1997 se terminase relația, curse pe mare nu existau, banii mei nu mai ajungeau nici pentru cele mai elementare nevoi. Aveam un băiat adolescent şi o elevă în clasele primare, de întreținut, erau nevoi şi cheltuieli peste puterile mele. Aceasta ne limita pe toți la o viață austeră financiar. Băiatul meu mergea vara pe soarele arzător să sape, să muncească pe câțiva bănuți la Măcin, ca să iasă în oraş. El îşi dorea multe, nu înțelegea că nu aveam cum să-i cumpăr mai multe lucruri, era tânăr, îi vedea pe alți băieți cum trăiau.

În afară de bascheți foarte ieftini, un tricou și o pereche de blugi, nu aveam ce să-i ofer. Mereu eram în urma copiilor, nu puteam să fiu în fața lor, ca un lider demn de urmat. Îmi uram profesia pentru că aveam salarii de mizerie și un stres extrem. Nu îmi plăcea viața de învățător, nu puteam trăi din acel salariu.

Băiatul nu a făcut față la liceu și a renunțat în clasa a XI-a. Deja spunea că nu mai poate sta în bancă să ne audă pe noi, „ciudații și nebunii" de profesori. Îl afecta foarte tare situația familială, boala mea, alcoolul și sărăcia tatălui, voia să-și ia viața în mâini, să muncească, să facă ceva. Între timp, la 19 ani, a fost lovit din cap până-n picioare de o boală groaznică: psoriazis. Doamne! Altă provocare! Alt necaz! Acum știți, mă obișnuisem așa de mult ca eu să fiu singura bolnavă, încât bubele de pe tot corpul copilului mi-au năpădit sufletul. Mi se rupea inima. Tatăl meu a avut și a murit cu această boală și, fiind ereditară, a izbucnit pe un fond de stres accentuat. Deja adolescentul era în faza de răzvrătire și nu îi mai convenea nimic. Acum îl cred și îi dau dreptate și îi cer iertare, aici, în public, și-i spun că-l iubesc și nu știu cum aș putea să revin în inima lui.

Mama a vorbit cu cineva din București care l-a dus la Spitalul Militar, unde trei săptămâni a făcut raze P.U.V.A. și i s-au administrat medicamente foarte puternice. Dar s-a întors curat pe piele. Am suferit mult până l-am văzut curat și am văzut că tinerețea și optimismul lui au învins. Dar boala a rămas activă pe pielea lui până acum, în 2013. Și mă doare să știu la câte suferințe e supus. Este ca o povară zilnică! Avem nevoie aici de un fascicul de lumină de Sus!

Se poate, prin credință cât un bob de muștar!

Cu toate acestea, a făcut un curs de ospătar ca să aibă un loc de muncă. Când făcea practică la un restaurant din Galați, a cunoscut o fată, ospătar și ea, pe care a plăcut-o foarte tare. Îmi aduc aminte că eram internată, pentru ultima dată la Spitalul Militar, când a venit cu o poză la mine, în care erau fotografiați amândoi. S-a uitat în ochii mei și m-a întrebat: „Îți place?" Inima mea s-a înmuiat imediat și am zis: „Da, îmi place".

La câtva timp a venit hotărât acasă, la doar 19 ani, și ne-a anunțat că el se căsătorește cu Mirela, fata din poză. Am simțit o lovitură în inimă! Eram așa de amărâți, certați, supărați, încât o nuntă ne mai trebuia. Doamne? Ce să facem? Nimic. El era hotărât.

Dar s-a dovedit că s-au potrivit, s-au iubit și au rezistat împreună. La nunta lor am fost singură. Soțul meu nu a onorat această căsătorie, fiindcă nu a fost de acord cu ea. L-a alungat pe Cristian de acasă și nu l-a mai primit. Copilul a plecat la tatăl lui bun, primul meu soț, care l-a primit și i-a făcut o nuntă frumoasă, iar drept cadou de nuntă, le-a oferit tinerilor un apartament.

Atunci mi-am dat seama că încă un puternic fascicul de lumină a fost trimis de Dumnezeu peste copilul meu. La 19 ani avea casă, nevastă frumoasă și un început de drum reușit. Mi-am dat seama că Dumnezeul acesta pe care îl cunoșteam de câțiva ani mi-a protejat copilul cel mare. Am rămas mereu recunoscătoare pentru modul extraordinar în care i-a aranjat viața. Doar „Tata" a fost în stare de așa ceva. Noi, ca părinți, l-am ajutat foarte puțin, chiar deloc.

Să curgă balsamul Tău pe rănile noastre emoționale! Doamne, mă auzi? Mai aveam atâtea de rezolvat! Am sperat mereu să fim ajutați, să ne împăcăm, am sperat mereu că Dumnezeu va face o minune cu căsătoria mea! Dar nu s-a întâmplat nimic. Ceartă, strigăte, durere, sărăcie, alcool, depresie, furtună, ceață, vânt! Soțul meu m-a avertizat că va sta în casă până ce fata noastră va împlini 18 ani! Atunci, când copila a ajuns la majorat, el a deschis divorțul. S-a ținut de cuvânt și și-a respectat planul.

Duritatea sa m-a uimit și m-a făcut sensibilă față de bărbați. Așa că, într-o zi, eram în clasă, la serviciu, și deodată ușa s-a deschis și a apărut soțul meu care mi-a pus în față documentul care arăta că urma să divorțăm. A fost dureros, umilitor acel episod! M-a pus în fața faptului împlinit. Inima îmi sângera! Nu știam ce se va întâmpla cu mine, cu fata, unde vom locui, ce vom face mai departe. Doamne, mă auzi? Ce să fac? Tremuram în fața lui. Reușise să mă înfricoșeze doar la apariția sau la auzul glasului său. Am refuzat să semnez! Da, m-am gândit că dacă va fi să mor, măcar să mor cu conștiința curată. Aflasem deja din Scriptură că nu eu eram cea care trebuia să dea divorț, ci doar el.

Mă apropiasem mai mult de Dumnezeu și citisem, mă frământam și mă întrebam de ce nu se întâmplă ceva bun. Aveam impresia că cerurile se transformă într-un tavan, iar rugăciunile mele nu trec dincolo de el. Dar, după acest divorț, intentat de soțul meu, s-a dovedit că am căpătat libertate. Am fost eliberată! Un pic de gălbui pe tabloul furtunos și întunecat.

Trebuie să vă spun că, uneori, îmi doream ca acest bărbat să fie liber și să-și trăiască propria sa viață. De când căzusem în prăpastie, adusesem multă suferință între noi. Bărbaților le sunt caracteristice şapte elemente care intră la pachet în viața lor interioară.

Aceste şapte elemente care se completează reciproc sunt următoarele:

• Bărbații preferă să se simtă neiubiți, decât nerespectați sau luați în batjocură.

• În ciuda aparenței lejere, bărbații se simt adesea în stare de impostură şi se tem că aceasta va fi dată pe față.

• Chiar dacă femeia ar face suficienți bani pentru întreținerea familiei, asta nu ar schimba cu nimic povara mentală resimțită de bărbat, care este convins că el trebuie să întrețină familia.

• Manifestarea dorinței sexuale influențează decisiv sentimentul de bunăstare al soțului şi-i dă încredere în toate celelalte domenii ale vieții.

• Chiar şi bărbații cu căsnicii fericite se confruntă cu atracția față de imaginea altor femei, pe viu sau în imaginație.

• Majoritatea bărbaților îşi doresc să fie romantici, dar ezită, pentru că se îndoiesc de reuşita intențiilor lor.

• Apoi, nu trebuie ca soția să aibă un corp de top model, dar el vrea să-şi vadă soția sa făcând totul ca să arate bine şi astfel va fi dispus la eforturi şi la cheltuieli considerabile care să o susțină pe aleasa sa.

Analizând, de undeva, de sus, din prezent, acest trecut furtunos, eu nu-i ofeream bărbatului meu aceste şapte elemente la care bărbații visează într-o relație. Chiar dacă am rămas ca o trestie ruptă, după 17 ani de devotament și suferință, azi cred că a fost cel mai bine așa. Fiecare pe drumul său!

Un fascicul de lumină!

Libertate și dezvoltare personală!

Dumnezeu a început cu mine o școală de ascultare, o școală în care m-a ridicat, învățat, luminat, restabilit și reorganizat ca persoană, pas cu pas!

În casa mea, pe diferite obiecte de mobilă, au stat lipite, de-a lungul anilor, diverse citate motivaționale, care m-au susținut în agitația și încercările vieții. Iată unul pe care îl țin mereu în inima mea: „Eu, zice Domnul, te voi învăța, și-ți voi arăta calea pe care trebuie s-o urmezi, te voi sfătui și voi avea privirea îndreptată asupra ta." (Psalmul 32 : 8)

Rămăsesem singură deci! M-am mutat într-un apartament mic, de două camere, într-un cartier mărginaș cu multe blocuri, într-o lume complet diferită de zona bună din Galați în care locuisem timp de 17 ani. Și așa am rămas fără familie. Gândurile de sinucidere nu s-au mai întors niciodată, în jurul meu s-au înălțat multe rugăciuni în biserica pe care o frecventam, oamenii vedeau starea mea și continuau să se roage pentru vindecare, Dumnezeu răspundea. „Când strigă un nenorocit, Domnul aude și-l scapă de toate necazurile lui." (Psalmul 34:6)

Am citit apoi în Psalmul 9:9 că: „Domnul este scăparea celui asuprit, scăpare la vreme de necaz", De fapt, nu rămăsesem singură. Eram cu Dumnezeu Tatăl, Fiul și Duhul Sfânt. De fapt, eram o echipă formată din patru persoane.

„Trestia frântă" a început zi de zi, cu voință, tenacitate, hotărâre, să se ridice, să urce treaptă cu treaptă spre... Lumină!

De multe ori, cu lacrimi în ochi, citeam și parcă strigam în lăuntrul meu :

„Scoate-mă din noroi, ca să nu mă mai afund!
Să fiu izbăvit de vrăjmașii mei și din prăpastie!
Să nu mai dea valurile peste mine,
Să nu mă înghită adâncul,
și să nu se închidă groapa peste mine!
Ascultă-mă, Doamne, căci bunătatea Ta este nemărginită,
În îndurarea Ta cea mare, întoarce-Ți privirile spre mine,
și nu-Ți ascunde fața de robul Tău!
Căci sunt în necaz: grăbește-te de m-ascultă!
Apropie-Te de sufletul meu și izbăvește-l!
Ocara îmi rupe inima și sunt bolnav,
aștept să-i fie cuiva milă de mine, dar degeaba;
aștept mângâietori și nu găsesc niciunul."
(Psalmul 69:14-18, 69:20)

Așa vorbeam cu Dumnezeu. El era tot ce aveam mai de preț. Legătura mea cu Dumnezeu s-a adâncit, an de an, tot mai mult. Tot mai mult lumina a alungat întunericul. În pași mici, în pași rari, dar siguri.

De fapt, după divorțul de bărbatul meu iubit, a început o altă poveste de dragoste, o dragoste nepământeană, necondiționată, care m-a susținut.

Un tablou din galeria de artă pe care o vizităm împreună de ceva timp a fost decantat. Pictorul Suprem l-a terminat, și-a pus pensula jos, s-a odihnit și l-a admirat! Încheiase deja o altă etapă, încheiase deja un alt capitol. Şi-a dezbrăcat haina murdară de tot felul de amestecuri de culori, şi-a şters fruntea transpirată şi a luat loc pe un şezlong, afară pe o terasă umbroasă, înconjurată de o natură superbă, de flori şi copaci înverziţi.

A privit, calm, în depărtare. Era mulţumit! Mai ajutase un suflet să-şi găsească pacea, mai intervenise în viaţa cuiva, a unei femei care-şi pierduse rostul, mai salvase pe cineva din mâinile celui rău, mai rezolvase o situaţie încâlcită de viaţă!! Acum se uita în depărtare, vedea începutul unei perioade noi, a unei noi etape de dezvoltare, de reabilitare, şi Îşi făcea un alt plan, plan pe care avea să-l construiască ca un adevărat lider. Îşi construia o altă strategie de lucru, cu persoana mea.

Tabloul solitudinii

„Singurătatea este atunci când strigi şi nimeni nu aude, fiindcă doar sufletul tău strigă... în tăcere deplină."

„Eu, zice Domnul, te voi învăţa şi-ţi voi arăta calea, pe care trebuie s-o urmezi, te voi sfătui şi voi avea privirea îndreptată asupra ta." (Psalmul 32: 8)

Admirăm un tablou încărcat de o emoţie crescândă, tablou care zugrăveşte o pistă de alergare pe care intru singură, într-o competiţie cu viaţa. O pistă de alergare în care iau startul după o viaţă de familie, o viaţă în care am fost mereu alături de cineva.

De o parte şi de alta a pistei de concurs au stat când cei care spuneau: „Nu vei reuşi!", când cei care mă încurajau, îmi dădeau un pahar cu apă, îmi ştergeau sudoarea de pe frunte sau îmi îngrijeau rănile provocate de căzăturile suferite. Şi, desigur, totul era controlat de Cineva care privea de sus, cu ochii Lui plini de candoare, grijă şi afecţiune, care îmi mai trimitea putere pentru încă câţiva metri de alergat.

Eram singură, mă mutasem după divorţ în alt cartier. Am luat-o de la capăt, într-o altă etapă, 17 de ani de căsătorie se încheiaseră devastator. Dar încă eram teafără şi respiram. Rezistasem tuturor şocurilor vieţii. Însă nu mai aveam pe nimeni. Era ceva cu totul nou. Voiam să mă odihnesc, să încep să învăţ cum să trăiesc, cum să merg, să învăţ, să mulţumesc, voiam să mă refac.

În una din zile, împreună cu fata mea, am rostit cu glas tare o rugăciune, fiindcă am simțit asta puternic în mine : „Doamne, am rămas singure, dar te avem pe Tine! Te rog intervino Tu, în mod supranatural, și reabilitează-ne pe amândouă din toate punctele de vedere. Vindecă-ne inimile zdrobite și leagă-ne rănile primite!" Fata mea a încheiat cu un : „Amin!" Așa să fie! Dumnezeu a luat în seamă acea dorință, de a fi refăcute și reîntregite psihic, fizic și spiritual. Este scris: „Domnul tămăduiește pe cei cu inima zdrobită și le leagă rănile." (Psalmul 147 : 3) De atunci, am avut un Partener permanent. El nu se vedea, dar știam, prin credință, că este prezent și vede totul. Îi simțeam mila, autoritatea, dar și dragostea. Aveam o perspectivă nouă, aveam cum și când să-L cunosc. M-am temut ani în șir ce o să fac singură, cum mă voi descurca, cum voi trăi fără bărbat lângă mine să mă susțină, să mă iubească. Așa am fost învățată: să fiu căsătorită, la casa mea, cu familia mea.

Eram încă atașată de soțul meu, dar și temătoare. După ani întregi de obsesie făcută pentru el, acum acesta era prezent în fiecare celulă a ființei mele. M-am rugat mereu să fiu eliberată de sub puterea lui dominatoare.

În interiorul meu să dădeau lupte între „taurii" sau „uriașii" mei. Aveam continuu o mânie și o iuțime care mi-au decimat anii. Știam că nu este bine, aveam atâta nevoie de libertate și despovărare a inimii! „Auzi, Doamne?"

La începutul perioadei de singurătate aveam nevoie să încep să mă cunosc, să aflu capacitățile cu care fusesem înzestrată și pe care nu le știam, să îmi aflu valoarea. Eram pe pistă. Alergam ușor, tot înainte!

Pe 15 decembrie 2004, m-am mutat în noua mea locuință, pe care am renovat-o din temelii, așa de murdară și neîngrijită era. După divorț primisem o jumătate din banii de pe celălalt apartament și am cumpărat-o pe aceasta. Am făcut curățenie, am avut o mulțime de peripeții până m-am văzut acolo, la sfârșitul anului, pe o iarnă geroasă. Nu a fost un moment foarte bun pentru mutare, dar aveam termen să eliberăm cealaltă locuință. Și am făcut-o! Am fost ajutată de fostul meu soț. Și cel care ne-a cumpărat apartamentul conjugal s-a implicat mult. Un om deosebit, pe care l-am simțit aproape de mine cu inima. Își dădea seama de poziția mea de atunci ca femeie proaspăt divorțată. Se vedea pe chipul meu groaza și teama unei astfel de mutări! Am aranjat mobila, apoi toți au plecat la treburile lor. Eram în vacanța de iarnă. Până seara am muncit din greu la despachetat, aranjat lucrurile...

Ceea ce este important de subliniat în toată această poveste de viață ar fi că micul meu apartament dintr-un cartier foarte aglomerat, în care locuiau mulți rromi, era de fapt al fostei neveste a fostului meu soț. Noi avusesem fiecare câte o altă familie înainte de a ne întâlni și acum cumpăram locuința de la prima soție a soțului meu, fiindcă ea a avut în cap ideea că ei ar putea să se împace. A lăsat prețul mai mic, eu am aflat că vrea să vândă și pentru că banii erau puțini am hotărât să o abordez. Avea mari restanțe la întreținere. Avea o singură șansă: să plece de acolo, altfel ajungea în procese. Așa a fost. Pare ciudat, dar la vremea aceea nu am găsit altă soluție. Am căutat cu înfrigurare prin toate agențiile o căsuță, dar prețurile erau mult prea mari pentru suma rămasă după divorț. Și așa a început viața mea solitară în apartamentul care îmi amintea de persoanele care mi-au măcinat căsnicia şi sufletul. De altfel, cei doi au locuit o perioadă împreună în apartamentul părinţilor fostului meu soţ, apoi s-au decis să se despartă. Nu au ajuns la un compromis. Dar asta este povestea lor!

Din prima seară după mutare am avut un şoc. Eram lângă Poliţie, lângă o arteră principală pe care treceau tramvaie, maşini de tonaj greu, zgomot, zgomot, zgomot! Doamne, unde am ajuns? Nu am putut dormi deloc. În celălalt apartament era multă linişte, eram departe de stradă, era altfel. Deja simţeam că explodez, prea multă gălăgie, vecini care erau beţi mereu, care trânteau uşile, claustrofobie, închisoare! Ce se întâmpla cu mine? În apartamentul de sub mine am auzit muzică la boxe. Eu muream dacă auzeam boxe. Sistemul meu nervos nu le suporta sub nicio formă. Stupoare! Unde să mă refac? Unde să meditez? Ce să fac, Tată?

Mi-am promis că nu voi sta în această casă şi zonă decât până voi găsi alta. Găseam la uşă deseori bărbaţi morţi de beţi, care dormeau, încât aş fi putut să calc pe ei. Un cartier rău famat! N-ai bani, stai unde apuci! Cea mai mare nenorocire au fost boxele. Era un tânăr până în 18 ani, care 24 de ore avea boxele deschise. M-am rugat pentru el, am fost la el şi i-am explicat că dimineaţa la ora 7 mă sculam şi mă duceam la şcoală. I-am vorbit frumos, dar nu m-a înţeles. Pe mama lui o făcea nebună, trântea uşile, vorbea tare, aducea băieţi noaptea, iadul pe pământ. Mare, mare rău mi-a făcut, deoarece şi acum plătesc consecinţele plecării din acel apartament. Pentru Laurenţiu s-au făcut rugăciuni în biserici, a venit poliţia, a luat amendă, nimic însă nu l-a oprit! Şi câţi ca el!

Am dormit de nenumărate ori în alte case, zdrobită și obosită, disperată de situație. Nu înțelegeam de ce se întâmplă acest soi de evenimente negative, de ce sunt continuu atât de agresată psihic. Cum ies, Tată, de aici? Ce să fac? Oboseala acumulată mă conducea mereu spre oamenii care aveau un loc liniştit de dormit, ca să mă lase două-trei ore să mă adun. Stăteam multă vreme pe stradă, în Grădina Botanică, pe bănci, pentru a mă gândi la probleme de serviciu, fiindcă acolo nu mergea cu una cu alta. Învățământul nu este ceva simplu, trebuie să fii ca un bun soldat la datorie. Trebuie să fii disciplinat, odihnit și bine pregătit! Totul era un talmeş balmeş îngrozitor!

Aşa evolua viața mea. Se mai găsea, din când în când, câte unul care-și făcea milă și mă găzduia, dar eu acumulasem tone de energie negativă şi-mi trebuiau luni întregi de refacere.

Tulburată și sfârșită, căutând o oază de linişte, am luat decizii pripite, decizii sub presiune, care s-au dovedit a fi incorecte. Dar aici a intervenit Altcineva care a oprit dezastrul deciziilor luate în grabă, sub stres. Veți vedea! Vă veți da seama!

S-a întâmplat să mă întâlnesc cu două cunoştinţe, soț și soție. Îi cunoşteam de mult vreme. Sosiseră în Galați, după un timp îndelungat. Vânduseră apartamentul din Galați şi-şi luaseră o casă şi 500 metri de teren pe care cultivau diverse plante, legume, furaj pentru animale, în zona Sucevei, într-un ținut de basm, parcă uitat de lume, în comuna Nigotești.

Întâmplarea pe care o voi prezenta îmi va rămâne veşnic în memorie pentru autenticitatea şi supranaturalul ei. Aici, Dumnezeu a intervenit în ultima clipă şi m-a oprit de la a face o greşeală imensă, iar pentru asta mă înclin în faţa Sa plină de milă şi dragoste. Dacă nu aş fi fost protejată de intervenţia Lui, aş fi avut acum un alt drum în viaţă.

Deci, în timp ce vorbeam cu oaspeţii mei, Silvia şi Adrian, aceştia mi-au arătat nişte poze frumoase cu casa lor şi pajiştea verde, întinsă, din spatele casei. Eram atât de îngrozită de viaţa mea de la bloc încât am spus că m-aş muta într-un astfel de loc minunat, departe de Galaţi.

Găsisem deja şi un cumpărător pentru mica mea locuinţă, după multe căutări. Era un tânăr din Oneşti care a venit ca un „înger" pentru mine. Locuinţa valora mai puţin din cauza zonei periferice a Galaţiului, dar el fiind străin de oraş, a cumpărat-o, plătind în plus toate costurile suplimentare. Când am făcut contractul de vânzare-cumpărare, m-a uimit termenul pe care l-a stabilit în vederea eliberării locuinţei sale. Aveam termen din decembrie 2005 până în 8 iulie 2006. M-am întrebat mereu de ce mi-a dat încă şapte luni posibilitatea să rămân acolo? Dorinţa mea era să cumpăr imediat altceva, în altă zonă mai liniştită, şi să plec cât mai repede. Dar planurile mele nu erau şi planurile lui Dumnezeu.

Veţi vedea de ce s-a potrivit exact, punctual, acel termen de 8 iulie 2006.

Admiram o fotografie cu prietenii mei, cu satul lor, pajiştea din spatele casei, şi în mintea mea s-a aprins un dor imens după linişte, după un loc în care să fiu în natură, să pot citi şi medita în voie, departe de iureşul oraşului şi de indiferenţa oamenilor.

Adrian a propus să cumpăr un teren lângă casa lor, să îmi contruiască o căsuţă, să mă ajute, să stau lângă ei, să am ce mânca, să cultive pământul şi să împartă roadele, deci, să fim împreună.

Şi m-am agăţat de această idee! Am acţionat sub presiunea momentelor de agitaţie şi confuzie şi am fost de acord. Aveam toţi banii de pe actuala casă într-un cont în bancă. Am vorbit la telefon cu proprietarul terenului din Nigoteşti şi am stabilit o întâlnire pentru a doua zi după-amiază, direct la notariatul din Fălticeni. Am instalat în maşina lui Adrian un aparat de căldură şi am hotărât să plecăm la amiază, iar ziua următoare să fim la locul stabilit.

Încă o dată spun că ajunsesem să nu vreau să mai intru în casă, voiam să ajung cât mai departe de lume şi de tot! Îmi vibrau urechile, celulele. Dimineaţă am plecat pe ruta Galaţi – Fălticeni – Nigoteşti, spre Nordul Moldovei, pe o vreme cumplită, destul de subţire îmbrăcată şi tremurând de ceea ce se va întâmpla. Îmi dau seama perfect acum, după şapte ani de atunci, timp în care m-am schimbat şi m-am dezvoltat radical, că nu aveam direcţie, nu aveam catedră acolo, nu aveam un plan bine organizat, ci doar dorinţa de a fugi de lume! O dorinţă aspră, de a dispărea, deoarece nu primisem dragostea şi atenţia pe care le aşteptam aşa de mult încă din pântecele mamei. În spatele tuturor acţiunilor mele din viaţă a stat lipsa de iubire şi semnificaţie. Dar asta am primit-o pas cu pas de la Cineva mult mai Generos şi Iubitor! Nu de la oameni!

Acum ne îndreptam spre Nigoteşti. Habar nu aveam unde mă duceam, dar eram în maşina lor, într-o călătorie către un loc necunoscut.

Am ajuns noaptea. Când am intrat în satul acela, am privit de jur împrejur. Totul era alb, dar în mintea mea au rămas doar gardurile. Erau pe dealuri nişte garduri din scândură aplecate spre stradă, era ca într-un basm de iarnă, căsuţe mici, pe care abia le vedeai.

Am închis maşina şi am intrat în casa celor doi prieteni. O casă bine structurată, îngrijită, dar cu ţurţuri de gheaţă atârnând din robinetele de la bucătărie şi baie. Reumatica veşnică, adică eu, ajunsesem pe „tărâmul gheţii şi al frigului". Bineînţeles că până am găsit ceva de băgat în foc am tremurat din toate mădularele. Şi Silvia era foarte plăpândă, avea osteoporoză şi o dureau oasele. Doamne? Eşti şi aici şi ne vezi? În mintea mea era un dialog continuu! Vorbeam şi Îl întrebam pe Dumnezeu ce să fac? În noaptea aceea am dormit într-o bucătărie friguroasă, chiar dacă ardea focul, pe o canapea inconfortabilă, eu şi Silvia, îngrămădite, îmbrăcate gros, parcă eram doi eschimoşi de la Polul Nord. Ce căutam acolo? După ce tânjeam? După dragoste, semnificaţie şi puţină apreciere!

Toate astea le căutam în felul meu atunci!

Dimineaţa, Adrian ne-a trezit cu ceai şi cafea caldă, apoi am plecat să vedem locul pe care aveam să-l cumpăr peste câteva ore, la notariat. Hai să vedem!

Am urcat câţiva metri pe o stradă în pantă, o pantă acoperită cu zăpadă. Gardurile m-au impresionat din nou, aproape că acestea cădeau pe stradă, scândurile erau neuniform aşezate, era ciudat, dar atât de adevărat. Când te uiţi la un tablou vezi exact imaginea pe care pictorul a vrut să o redea! Vizualizaţi putin tabloul!

Eu, Adrian şi Silvia urcam pe o strǎduţǎ albǎ, pe un deal, şi la un moment dat am luat-o puţin la dreapta şi am deschis o poartǎ. Am intrat pe un teren alb, întins pe jumǎtate de kilometru. Nu vedeai decât alb. În stânga, aproape de poartǎ, era o casǎ bǎtrâneascǎ dǎrǎpǎnatǎ, care stǎtea sǎ cadǎ. Mergeai pe o alee şi vedeai un grajd mare, acoperit cu ţiglǎ nouǎ, roşie, cu uşi, geamuri şi pereţi, şi cam atât. Un grajd nou! În spatele grajdului era un teren imens. Asta voiam eu sǎ cumpǎr? Aici urma, dupǎ capul meu şi dorinţele mele de evadare din Galaţi, sǎ locuiesc toatǎ viaţa mea?

Sǎ recapitulǎm!

Aveam o casǎ vândutǎ la Galaţi, urma sǎ cumpǎr un teren în Nigoteşti, unde sǎ îmbunǎtǎţim şi sǎ amenajǎm grajdul care exista deja, dar nu aveam loc de muncǎ aici. Doamne, mǎ vezi cât sunt de nǎtângǎ? Cât de dispreţuitǎ sunt sǎ fac astfel de alegeri? Mǎ vezi? Mai eşti? Eu mai pot? Acum, dacǎ tot venisem, mi-era ruşine de oamenii care au fǎcut atâta drum cu mine, oferindu-se sǎ mǎ ajute cu tot ce puteau ei. Asta am apreciat! Ei doar au vrut sǎ mǎ ajute. Eu însǎ nu am ştiut în ce intru, eu fugeam de familie, de bisericǎ, de tot! Nu eram ajutatǎ şi înţeleasǎ, nu aveam sfǎtuitori, toţi se dǎdeau la o parte. Silvia şi Adrian au fǎcut ceva concret, era o variantǎ, era un ajutor aşa cum l-au înţeles ei atunci. Aşa cǎ am hotǎrât sǎ ne pregǎtim pentru întâlnirea de la notariat, cu proprietarul terenului.

Am vǎzut copiii prin sat, am fǎcut chiar o vizitǎ în casa unor cunoştinţe a prietenilor mei şi am cunoscut nişte oameni simpli şi foarte primitori. Nu ştiau ce să ne mai facă, cum să ne „omenească" mai mult.

Era un ger de -10 grade, oamenii ardeau lemne multe pentru a reuşi să-şi încălzească locuinţele. Acolo, în 2005, nu exista cablu, oamenii nu aveau confortul de la oraşe, trăiau din munca câmpului şi din creşterea animalelor. Am plecat din Nigoteşti la Fălticeni să ne înfăptuim planul nostru minunat! La ora stabilită ne-am întâlnit cu vânzătorul, am făcut cunoştinţă, am intrat la notar, am dat actele pe care ni le-a cerut acesta şi am stat în sala de aşteptare. Frumos oraş, Fălticeniul! Mi-a plăcut! Era construit în stilul de la munte, un altfel de loc decât Galaţiul!

La un moment dat, uşa biroului se deschide şi apare notarul. Ne invită la el şi ne explică foarte calm şi hotărât că această vânzare-cumpărare nu poate fi făcută deoarece nu există cadastru pentru acea proprietate. Şi-a cerut scuze şi a zis că putem reveni când acest lucru va fi făcut.

Eu am simţit această veste ca o lovitură cruntă. Parcă m-a lovit cineva cu un ciocan în cap. Mi s-au aprins toate celulele. Nu se poate! Am bătut atâta drum degeaba! M-am înfuriat rău şi m-am dus peste proprietar aproape să-l iau de guler şi să-l scutur să se trezească!

I-am spus lividă, cu ochii în lacrimi: „Cum ai putut să faci aşa ceva, omule? Drumul acesta m-a costa 10 milioane de lei vechi, este o avere pentru mine, am o fată acasă, nu am casă, de ce nu mi-ai spus nimic? Am vorbit cu dumneata la telefon! Îţi dai seama ce ai făcut cu noi? Omule, ce ai făcut cu noi?"

Trecusem prin această călătorie, acum eram la punctul zero. Toate castelele cădeau. Tot planul se ruinase! În câteva minute! Ne-am hotărat să plecăm imediat la Galați. Era așa de înnorat, ningea și viscolea. O, Doamne! Ce am făcut? Ce mă fac cu viața mea? Ne-am suit în mașină. Era o tăcere de mormânt! Plângeam! Dacă ați ști ce era în sufletul meu! O, Tată!

Acum, înțeleg! Dumnezeu a intervenit pe ultima sută de metri! Atunci eram dărâmată, copleșită în interior. Acum înțeleg că El nu mi-a permis să cumpăr acel teren! Și m-a lăsat până nu s-a mai putut face nimic, decât cale întoarsă.

Când Dumnezeu vrea să te învețe ceva, El are metoda Sa de lucru perfectă. Atunci te vezi mic și gol și răzvrătit și El te smerește cumva... ca să nu mai depinzi în toate de ego-ul tău, ci să depinzi de El. Când Dumnezeu se arată într-un fel sau altul, după ce tu, ca om, ai greșit, te-ai pripit și te-ai grăbit, intri într-o stare de umilință, de recunoaștere a neputinței personale. El vine să-ți arate de fapt cine ești. Că fără El nu poți face nimic!

Smerenia sau umilința în fața lui Dumnezeu nu înseamă să umbli înfrânt și descurajat și dezgustat de viața nenorocită pe care o duci. Nu înseamnă nici să ai o atitudine de ființă chinuită. Smerenia omului în raport cu Domnul este expresia acelei uimiri fără seamăn care te copleșește când Îl vezi pe El acționând spre salvarea ta.

M-am convins în toate experiențele că a fi smerit înseamnă să ajungi conștient la concluzia că nimic, în afară de Dumnezeu, nu mai contează și că toate eforturile izvorâte din impulsurile eu-lui nu sunt decât

„lucrări de paie". Tot „Babel-ul" personal căzuse. Planul meu nu a fost și cel al lui Dumnezeu și El m-a oprit.

Ne îndreptam spre Galați. Presiunea atmosferică scăzuse. Tensiunea psihică și starea emoțională negativă mi-au creat dureri cumplite de cap. Nu puteam rezista când ploua, când cerul era acoperit de nori creierul meu se dilata, presiunea intracraniană creștea alarmant. Voiam să evadez din capul meu.

Atunci, în tăcere, am cerut acestui Dumnezeu, care tocmai mă oprise din drumul meu, să îmi dea un pic de lumină, să mă ajute cumva să trec peste cele patru ore de mers prin viscol. Viscolul se înteța. Era gheață pe șosea. Mergeam pe banda din dreapta. Pe banda din stânga vedeam mereu camioane și mașini răsturnate, abandonate, Poliție, accidente... Adrian se ruga cu voce tare pentru protecția noastră și a mașinii. Silvia era tăcută în dreapta soțului ei. Eu mă gândeam la un fascicul de lumină pe cerul întunecat și cum să-mi dilat cutia craniană, ca să-mi încapă creierul. Toate oasele mă dureau. „Doamne, am nevoie de lumină, te rog, ajută-mă!" Zăpada era viscolită, viteza mică, drumul greu! Încercare, provocare, decizii greșite, toate îmi treceau prin mintea obosită. Și deodată, pe partea dreaptă a șoselei spre Galați, orizontul s-a luminat și printre norii grei și întunecați a apărut soarele.

În stânga drumului era negru, viscol, accidente, în partea dreaptă, spre Galați, cerul era luminat, decongestionat de întuneric. Era un spectacol fantastic, în care lumina și întunericul se îmbinau de o parte și de alta a drumului. Lumina care a apărut în urma rugăciunii disperate. Nu m-am așteptat să-mi răspundă Dumnezeu pe așa o vreme. Nu m-am așteptat să am în fața ochilor un spectacol grandios, prin însăși intervenția Creatorului Universului. Am început să experimentez cu aceste apariții generoase ale lui Dumnezeu în viața mea ani întregi de atunci înainte. Mereu îl așteptam, încă de dimineață mă gândeam ce surprize și în ce mod mă va iubi Domnul în ziua respectivă. Eram uimită și încântată, căpătam încredere în El, deoarece vedeam cum acționa practic, mereu și mereu. Această lumină ne-a condus până la apus. Am fost protejați, mașina a mers perfect, am ajuns acasă la Galați fără incidente.

Când am coborât în fața blocului meu și ne-am luat rămas bun, căci prietenii mei plecau mai departe în țară, Adrian mi-a spus câteva cuvinete care s-au întipărit în mintea mea: „Aurelia, ești o femeie foarte puternică". Pierdusem mulți bani, reveneam în casa vândută deja, casă nouă nu aveam, trecusem printr-o călătorie lungă și obositoare, prietenii plecau, deznădejdea era prezentă și ea, dar mi se spunea că sunt puternică. Acum cred cu certitudine că versetul de la începutul capitolului acesta mi se potrivește ca un moto sfânt în viață.

„Eu, zice Domnul, te voi învăța și-ți voi arăta calea, pe care trebuie s-o urmezi, te voi sfătui și voi avea privirea îndreptată asupra ta." (Psalmul 32 : 8)

Chiar dacă nu a semnat planul meu, chiar dacă m-a oprit la notariat, chiar dacă m-a lăsat să merg până acolo pentru a gusta dezamăgirea, a meritat să văd șoseaua luminată de un soare generos și blând, pe o parte, iar pe cealaltă parte ravagiile viscolului, căci asta m-a făcut să-L văd în acțiune, să-mi întăresc convingerea că am un Prieten prezent în fiecare secundă lângă mine. Un spectacol fascinant care va rămâne în mintea cititorilor acestei cărți și a mea. Fascicul de lumină!

Viața și-a urma cursul în acel bloc. Căutam o altă locuință. Ajunsesem din decembrie 2005 în aprilie 2006 și nu găsisem nimic. Prețurile urcaseră. Nu aveam bani potriviți și umblam de la o agenție imobiliară la alta, căutând variante, dar totul mă ducea din nou spre zone periferice. Inima mea era strânsă, mai aveam două luni și încă nu aveam casă. În chirie nu m-am gândit să stau pentru că pierdeam toți banii, așa ei puteau fi investiți. Trăiam cu disperare, în continuare, nevăzând alternative. Aș fi putut să mă mut la mama, la Măcin, dar locuri de muncă erau foarte puține. Apoi simțeam că m-aș fi închis definitiv într-o teminţă și am continuat să cer ajutorul lui Dumnezeu. Am citit în Psalmul 34:6, ca o descoperire personală, următoarele: „Când strigă un nenorocit, Domnul aude. Și-l scapă din toate necazurile lui".

M-am agățat pur și simplu de un singur cuvânt, „toate". Chiar toate? Dumnezeu cere de la noi, oamenii, un comportament de veritabilă credință, care, transpus în practică, devine ceva dinamic, cursiv și constant. Am început să-L includ pe Dumnezeu în fiecare situație a vieții mele și am contat cu tărie pe ajutorul Lui.

În adâncurile profunde ale inimii rănite, doream cu ardoare intervenția și ajutorul Suveran. Este o mare pierdere pentru omenire că omitem să-L introducem în ecuația vieții noastre personale pe acest Dumnezeu care ascultă, este atent și scapă oamenii din „toate" necazurile lor. În general suntem forțați doar de situațiile dificile, fără ieșire, un pericol, o lipsă, o strâmtoare, ca să apelăm la El.

În ziua de 8 iulie 2006, exact când a expirat perioada care era impusă de Bogdan, cumpărătorul

74

celelalte locuinţe, m-am mutat. Un alt cartier, mai liniştit, mai central, considerat unul din cele mai bune din Galaţi.

Capitolul se încheiase! Am ieşit din întunericul acelei zone în care femeile umblau vara cu haine de blană, oamenii ţipau şi trânteau uşile, crezând că sunt singuri pe lume, boxele mergeau non stop şi totul părea o „junglă". Mi s-a spus că lifturile din noul bloc nu merg, deoarece erau în revizie. Am acceptat situaţia gândindu-mă că sigur nu va ţine mult. Toate bagajele le-am urcat, până la etajul şapte, pe scări.

La momentul acela aveam deja o greutate cu mult peste cea normală şi mi-a fost foarte greu să urc. Mă dureau continuu toate articulaţiile, oboseam foarte rapid, aveam şi un astm care se acutiza la efortul permanent de a urca zilnic etajele, şi aşteptam să se rezolve cu lifturile.

I-am cerut lui Dumnezeu în rugăciune să intervină El asupra reparaţiei lor! Dar stupoare! La administraţia blocului mi s-a spus că lifturile nu funcţionau de doi ani. Surpriză! De doi ani? De ce? Pentru că Asociaţia are restanţe mari la RENEL! Doi ani? Am fost minţită! O săgeată mi-a trecut prin inimă. Provocare! De doi ani oamenii bătrâni, pensionarii blocului, de altfel, majoritatea, urcau cu bastoane, încet, copleşitor de încet. Reumatism, greutate neadecvată. Doamne, ce am făcut?

În ultimul capitol, „Lucrări pregătite mai dinainte", veţi afla mai multe despre soluţia pe care a găsit-o Dumnezeu la toate problemele blocului. Dar începeam şi eu să mă transform, de la o lună la alta mă metamorfozam. De fapt, intrasem într-o „şcoală de ascultare de Dumnezeu", o şcoală de şlefuire, eliberare şi vindecare, prin credință, a sufletului meu. Citeam mereu Biblia și cărți de tot felul. Mă bazam pe cuvintele scrise: „Nicidecum nu am să te las, cu nici un chip nu te voi părăsi." (Evrei 13 : 5b) Așteptam mereu intervenția Lui activă în orice situație. Când urcam și coboram scările mă rugam continuu.

Dumnezeu îmi descoperea noi lucruri, care să mă susțină pe „pista de alergare".

„Întăriți-vă și fiți plini de curaj, nu vă temeți și nu vă înspăimântați de ei, căci Domnul Dumnezeul tău va merge El însuși cu tine, nu te va părăsi și nu te va lăsa." (Deuteronom 31: 6-8)

Nu aveam oameni mulți în jurul meu, dar au fost două persoane care m-au ajutat cum au putut fiecare. Am cunoscut o familie tânără, cu trei copii, în biserica unde mergeam și unde, de multe ori, mi-am găsit adăpostul, am găsit un sfat și un cuvânt bun. Am văzut copiii crescând sub ochii mei. Când au plecat din Galați, zile întregi am plâns ca o mamă separată de copilul ei. Oameni adevărați, sentimente puternice, atașament pe măsură.

Apoi am avut ca ajutor o tânără din biserică, Magda, care venea și-mi făcea curat în casă temeinic și mă ajuta cu planșe, câteva deosebite, pe care le-am purtat cu mine prin toate clasele pe unde am fost învățătoare. Ea m-a susținut mult, m-a înțeles corect și a fost ca o a doua fiică, plină de smerenie. O adevărată prietenă de suflet. Dumnezeu i-a dat un băiat din Australia ca bărbat și a părăsit România, urmându-și soțul.

Am trăit povestea ei de dragoste cu mare bucurie, îmi spunea tot ce se întâmpla, cum s-a întâlnit prima dată cu prietenul ei, aici în Galați, când a venit să o cunoască. Am știut totul, în amănunt. Eram pentru ea o prietenă matură și conversam pe diferite teme. Ne ajutam reciproc. După ea nu am suferit, ci m-am bucurat pentru căsătoria ei, acceptând situația. De la aceste persoane dragi nu am mai avut o relație atât de puternică cu oamenii. Am rămas o singuratică prin lume, dar cu Dumnezeu în inima mea.

Cu toată invizibilitatea Lui, Dumnezeu este activ! El s-a ascuns, ca noi oamenii să mergem mereu după El, în călătorii de descoperire! El vrea să ne conducă de la o surpriză la alta, El vrea ca noi să fim uimiți de ceea ce poate să lucreze în Univers!

Am descoperit un citat care pe mine m-a luminat și m-a făcut să caut mai mult o relație cu Tatăl, Fiul și Duhul Sfânt! Sunt trei persoane într-una singură, Dumnezeu!

„Până acum n-ați cerut nimic în Numele Meu, cereți și veți căpăta, pentru ca bucuria voastră să fie deplină!" (Ioan 16 : 24)

Era vorba de bucurie deplină? Asta chiar m-a uimit mult. Ca și creștin, puteam ajunge la bucurie deplină? Puteam avea bucurie? Eu care nu mai râsesem de ani în șir, care aveam dureri peste tot, care eram atât de încărcată și părăsită? Am devenit foarte atentă! Era ceva nou! Am scris toate versetele noi, le-am afișat pe geamuri, pe pereți, nu știu, pe oriunde! Altă susținere nu aveam, decât să-mi introduc în minte gânduri încurajatoare. Așa m-am format! Citind, memorând, căutând cu înfrigurare drumul spre capătul tunelului.

Dumnezeu vrea să învăţăm să-L descoperim în toate şi în orice până când aflăm că, de fapt, El este conţinut în bucurie sau suferinţă, în mic sau mare, în puţin sau mult, în slăbiciune sau putere, în reuşită sau eşec. Şi că din toate El face întotdeauna numai ce este cel mai bine pentru noi. Aşa m-am dezvoltat! Din cioburi de om, am ajuns un om întreg!

Azi, când vă scriu tablourile vieţii pictate cu mare măiestrie de un Pictor Suveran, sunt un om întreg. Am scris pe Biblia mea, în anul 1992, chiar de când am primit-o în dar de la pastorul bisericii unde merg, o rugăciune: „Tată, adună cioburile de om în care sunt sfărmată acum şi fă-mă un OM ÎNTREG!" Procesul durează din 1992, de când L-am cunoscut prima dată. El a ascultat şi a împlinit ceea ce am cerut! El a adunat „cioburile de om", dar le-a luat cu grijă, le-a studiat, a văzut care se potriveşte cu care, le-a lipit cu mare atenţie şi a folosit un timp îndelungat pentru a reface omul din mine.

A lucrat la fiecare convingere greşită, la fiecare setare mentală introdusă incorect în gândirea mea încă din fragedă copilărie, m-a reinventat şi m-a creat, ca să ajung astăzi aşa cum sunt: un om întreg. Şi pentru că o convingere este o idee susţinută de argumente, fapte şi experienţe, care determină deciziile pe care le luăm apoi, Dumnezeu m-a ajutat în procesul schimbării. Convingerea este cel mai puternic element activ din viaţa unui om, dar poate fi şi cel mai puternic „baros", afirmă coach-ul motivaţional Radu Gabriel, din Galaţi.

Aveam convingeri modificate de o copilărie nefericită, de singurătate şi de boală, încrederea şi stima de mine erau scăzute, ce să mai vorbim de curaj, de iubire şi împăcare cu mine însămi? Eu ardeam interior, înjuram, eram mânioasă, nu mă iubeam, fiindcă ratasem ca mamă, fiică, soţie, învăţătoare, ratasem tot! Aşa gândeam, aşa am fost construită mental şi emoţional: sensibilă, neputincioasă, neînţeleasă! Dacă ar dispărea din aceste defecte, ce bine ar fi! Aş trăi într-o lume interioară mai calmă, aş trăi mai sigură pe mine, mai puternică. Nu prea valoram mult, nu? Mă gândeam la setul de convingeri şi la deciziile luate până în prezent. Convingerile ar fi trebuit să mă facă să decid corect. Decizia nu era totuna cu o listă de dorinţe sau o rugă jalnică. Convingerile m-au dus în starea asta, stare care nu era deloc roză!

De-a lungul timpului am aflat că nu eram singura care decisesem prost, nu eram singura care nu se descurcase prea bine şi făcuse greşeli. Dar totdeauna, totdeauna, cei care s-au întors în necaz spre Cel care are Autoritate şi Control, au reuşit. El ajută oamenii care cred cu adevărat, care au toată nădejdea ancorată în Numele Lui. Iată că nu eram singură.

Am cunoscut o familie frumoasă, creştină, care dintr-o decizie luată incorect a acceptat să îşi pună apartamentul propriu în ipotecă pentru un cunoscut. Bun! Omul nu s-a gândit la consecinţele acestei decizii. Dar ea avea să afecteze familia respectivă. Aşa se face că, în 2008, oamenii băncii l-au anunţat că vor vinde apartamentul, pentru că persoana ajutată nu şi-a mai plătit datoria şi trebuiau recuperate restanţele acestuia. Apoi au urmat ani grei de nesiguranţă şi de greutăţi. Oamenii aceştia au trecut prin unsprezece licitaţii, prin emoţia puternică provocată de posibilitatea pierderii casei. Aveau şi doi băieţi. Iată o mare provocare şi o consecință a bunei lor credințe. Să urmărim împreună evoluția și finalul miraculos al acestei încercări.

La un moment dat, după trei ani, prin noiembrie 2011, executorul judecătoresc i-a anunțat pe cei doi soți că s-a găsit un cumpărător și că va avea loc ultima licitație!

Dar Lia, femeia din acest cuplu, a avut un vis în care a văzut un verset clar din cartea Exod 14:14 din Scriptură. Iată cum sună acesta: „Domnul se va lupta pentru voi, dar voi stați liniștiți". Vă întreb pe voi, dacă ați visa un așa verset, o așa mare încurajare, ați crede că v-a fost trimis ca ajutor de Dumnezeu Însuși, personal? Fiecare are dreptul să răspundă pentru el! Atunci, familia aceasta a înțeles că ajutorul va veni cumva. Dar așteptarea, frământările, întrebările erau permanente, erau acolo, zi de zi, între părinți și copii! Grea încercare, să-ți pierzi casa la licitație, nu? Suma de care mai aveau nevoie pentru a răscumpăra apartamentul era de 25 000 euro. Tu ai crede că e posibil să primești de undeva, din cer, acești bani? Dar ei primiseră un vis, o încredințare și așteptau să se întâmple ceva care să-i scoată pe toți din lanțul robiei.

Este scris: „Domnul este Păstorul meu, Nu voi duce lipsă de nimic." (Psalmul 23:1)

Executorul le-a spus că găsiseră un samsar care va cumpăra apartamentul, ca apoi să îl vândă la alt preț mai mare. Dar ei primiseră visul în care Dumnezeu le spunea să stea liniștiți, căci El va câștiga această luptă. Era lupta lui Dumnezeu pentru familia aceasta. Da, greșiseră, se pripiseră, dar de acolo, din mocirlă, din negură și din întuneric, El îi poate ridica! Și în acest caz, pe ultima sută de metri, și-a făcut grandios apariția! Fascicul de lumină!

Băiatul cel mare al acestei familii împovărate i-a spus tatălui:

„Tati, lasă-L pe Dumnezeu să facă o minune! Nu cere bani de la oameni! Așteaptă-l pe El!" Și au așteptat împreună. Se rugau și credeau că ceva se va întâmpla. Nu au cerut bani de la cunoștințe, prieteni, nu au apelat la ajutorul oamenilor!

Într-o zi, bărbatul acestei familii a primit un mesaj din partea unui om în casa căruia a stat două ore, cu patru-cinci ani în urmă. În mesaj i se cerea să stabilească o convorbire. Și mai erau notate aceste cuvinte: „Vreau să fac ceva pentru tine, azi!" Deja am eu emoții când vă scriu! Cei doi bărbați s-au întâlnit în final, iar suma de 25 000 euro i-a fost dăruită personajului nostru. Celălalt i-a spus: „Nu spune nimic. Vreau să știi că ce este în inima mea este de la Dumnezeu! Eu nu știu ce problemă ai, dar, indiferent ce ar fi acel lucru, CONSIDERĂ-L REZOLVAT!" Uimire!

„Am nevoie de 25 000 euro!", a spus prietenul nostru. Celălalt bărbat a venit cu banii în seara aceea.

„Ia-i! Domnul să te binecuvânteze!" Mut de uimire, l-a sunat pe fiul său cel mare și i-a spus: „Dumnezeu a făcut o minune pentru noi! Avem banii! Casa este a noastră!"

Decizii pripite, incorecte, luăm cu toții. Suferim, suportăm consecințele grele, zacem jos, la pământ, trântiți, umiliți, ne învățăm lecția, dar în toate situațiile așezăm problema în mâinile în care s-au bătut cuie grele şi El ne scoate „din toate necazurile noastre".

Nu suntem singuri, nu putem face nimic singuri.

„Despărţiţi de Mine nu puteţi face nimic."
(Ioan 15:5b)

Există speranţă într-o promisiune clară pe care ne-o
dă Scriptura: „Pot totul în Hristos care mă întăreşte."
(Filipeni 4:13)

Ei puteau să piardă casa, iar eu puteam să mor de
trei ori în chinuri groznice, dar Dumnezeu avea în plan
altceva mai bun pentru viaţa noastră. Aş putea să scriu
romane întregi în care Domnul a intervenit de-a lungul
miilor de ani în vieţile oamenilor care au crezut cu
adevărat în El. Asta aduce mângâiere şi libertate mentală
şi spirituală. Asta te face puternic şi încrezător, să te
predai mereu în faţa lui Dumnezeu, conştient de
existenţa Sa reală, de puterea Lui de transformare. Pot
spune din experienţă că abandonarea în mâna lui
Dumnezeu este un act de voinţă, o decizie clară şi
responsabilă. Mai bine zis este un răspuns la
generozitatea Lui. El nu forţează pe nimeni. Când ne
predăm impulsurilor noastre josnice, culegem păcatul. În
paralel, când te abandonezi şi te laşi condus de El, culegi
binecuvântarea. Eu am ales conştient această pistă, în
oameni am văzut dezamăgire, înşelare, deşertăciune, în
Dumnezeu am văzut SOLUŢIA! Îmi dovedise de câteva
ori că pot avea încredere totală în El. Când Dumnezeu îţi
dă harul ca dimineaţa să te trezeşti viu, odihnit, este un
„dar nemeritat" al dragostei Sale. El cere doar să nu ne
potrivim veacului acestuia, ci să ne transformăm, prin
înnoirea minţii noastre. Ştiam că am nevoie de o
transformare şi de o iluminare, acolo era cheia, acolo

era, de fapt, lumina. Știam că este un drum lung, dar am ales să-l parcurg, în întregime, căci aflasem că nici o persoană iluminată nu avea mintea guvernată de vinovăție și victimizare. Pentru asta aveam nevoie să trec printr-un proces de iertare. Trebuia să reușesc să mă iert pe mine, deciziile mele, înfrângerile, indeciziile, comoditatea, neștiința, neînfrânările, poftele mele cu tot alaiul lor de consecințe.

Aveam nevoie de curățare și de dezintoxicare generală, de o restaurare pe toate palierele vieții mele. Știam că, dacă reușesc să iert trecutul, voi putea înainta în viitor cu mintea și inima curată. Am făcut consiliere, am început să iert fiecare cuvânt, acțiune, comportament negativ al părinților. Mi-am iertat conștient soții, directorii, colegii, părinții elevilor. A fost un proces care a durat, consilierea a fost făcută la un nivel pur spiritual, prin mărturisire, rugăciune și iertare. Am plâns mult, fiindcă mi-am amintit tot trecutul meu dureros, dar conștientizam că am nevoie acută de eliberare de sub puterea lui. De fiecare dată după ce făceam consiliere, primeam o pace și o putere nemaiavute, necunoscute. Inima mea primea vindecarea unor răni emoționale profunde. Ușor, rană cu rană, eram pansată cu grijă de Marele Vindecător. Eram eliberată ca să pot și eu învăța să leg răni, să îngrijesc alte suflete înnegurate.

Am avut o perioadă de doi ani în care sufeream mereu de căzături. Cădeam pe asfalt, în casă pe gresie, mi-am rupt mâna și mi-am spart arcada stângă exact înainte cu două zile de începerea anului școlar 2010-2011.

Începeam clasa întâi, într-o școală nouă! Vă dați seama! Învățătoare nouă din toate punctele de vedere!

Mă pregătisem, făcusem mişcare ca să fiu în formă, mă îngrijisem de modul în care mă voi îmbrăca. Şi am căzut, m-a luat Salvarea, mâna dreaptă mi-a fost pusă în ghips, mi-a fost cusută sprânceana şi am fost internată la Secţia de Neurochirurgie. Am stat acolo sub supraveghere medicală. Acolo m-am întrebat: „De ce oare, înainte cu două zile de un mare eveniment, mi s-a întâmplat nenorocirea asta? Ce să fac? Să iau concediu medical? Prima zi din clasa întâi, grea încercare! Cum voi scrie, cum mă voi îmbrăca?" Eram îngrozită! Stima de sine coborâse sub nivelul mării. Singură, fără să pot folosi mâna dreaptă, cu arcada cusută, asta-mi lipsea, desigur! Simţisem pe trotuar cum parcă cineva mi-a pus piedică şi a râs de mine! Era un atac din partea celui Rău! Mereu am avut probleme mari cu gleznele. Am suferit luni de zile de dureri la mâna dreaptă. Părinţii comentau. Nu puteam să fac copiilor modelele cu roşu, pe caietele de scriere. Îi rugam să mă ajute. Ştiţi ce am constatat? Indiferenţă! Scriam cu creta la tablă cu ambele mâini. Nu s-a îngrămădit vreun părinte să mă ajute. Mâna s-a refăcut greu. Capul pe partea stângă m-a durut câteva zile cumplit. Şi toate acestea în faţa elevilor de clasa întâi.

M-am dus la consiliere spirituală. Era ceva ce se repeta mereu, era ceva care mă ataca, îmi zdruncina tot corpul. Consilierele s-au rugat pentru mine. De atunci au trecut doi ani. Nu am mai căzut niciodată. Suntem atacaţi de forţele întunericului chiar în punctele noastre cele mai sensibile.

Dar este scris: „Împotriviţi-vă Diavolului şi el va fugi de la voi." (Iacov 4:7b) Totdeauna trebuie să avem în vedere să ieşim din starea de problemă, să trecem rapid în starea de soluție. Am primit încă o eliberare! Fascicul de lumină! Iar când nu găsești soluții, te rogi și aștepți un răspuns clar. Sigur vei ști ce ai de făcut. Când alegi calea transformării și a schimbării, viața unui mormoloc se transformă în viața unei broaște, iar viața unei omizi, în a unui fluture. Te transformi din interior spre exterior, zi de zi, pas cu pas.

Când m-am mutat în garsoniera de la etajul șapte, mi-am făcut lista lunară de cheltuieli și am văzut că salariul meu de bugetar nu va fi suficient pentru a achita atâtea cheltuieli și datorii.

Am decis conștient că va trebui să muncesc suplimentar. Din 2006 și până în 2013, am tot făcut activități suplimentare în afara profesiei de învățător. Am lucrat în asigurări, la o firmă de împrumuturi, am făcut meditații, am participat la un curs pentru a putea funcționa într-o școală specială, cu profesori de la București, am învățat aproape singură să lucrez pe calculator într-un curs de formare la Casa Corpului Didactic, am făcut cursuri cu fonduri europene la standarde UE pentru clasa pregătitoare, introdusă din anul 2012, am intrat în cea mai mare corporație de nutriție din lume. Acolo m-am format din multe puncte de vedere ca om. Acolo, porțile cunoșterii mi s-au deschis mult mai larg.

Am învățat lucruri importante despre nutriția celulară, despre un stil de viață echilibrat și sănătos, lucruri pe care în patul de suferință nu le-am putut gândi niciodată. Am cunoscut oameni care au ajuns pe trepte înalte în afaceri. Am învățat de la ei cum să mă îmbrac, cum să mă pun în valoare ca femeie, cum să lucrez cu oamenii, cum să-i abordez, ce să urmăresc în discuție cu ei, am luat lecții de vorbit în public și pot continua cu șirul schimbărilor încă multă vreme.

Dar, cea mai importantă schimbare în viața mea s-a petrecut în toamna anului 2012, când am fost trimisă obligatoriu la cursurile de formare pentru clasa pregătitoare. Câte opt ore zi de zi, timp de o săptămână, într-o școală din Galați. Lucram cu o doamnă care ne forma după standardele europene, iar apoi, vreme de două luni, aveam de lucrat pe calculator, teme cu subiecte diverse, legate strict de formarea și lucrul cu acești copii. Am simțit, când am auzit că luni de zile aveam de lucru pe o platformă a catedrelor didactice, că îmi fuge pământul de sub picioare. Primeam emoțiile puternice direct în piept. Parcă cineva mă lovea în plexul solar.

De multe ori în viață am avut nevoie de un calculator. Am spus-o mai multor persoane. M-am rugat la Dumnezeu pentru o soluție, dar ea nu a venit. Acum ce să fac? Cum să lucrez la platformă? Nici abilități nu aveam, nici calculator. Ocazional mergeam gratuit la Bibliotecă și mai verificam acolo ce e-mail-uri primisem.

Nici nu putea fi vorba să-mi cumpăr un aparat atât de scump.

Într-o zi, o prietenă creștină m-a sunat și mi-a spus că are un calculator pe care nu mai vrea să-l păstreze, fiindcă ea nu-l mai folosește. Calculator? Au început întrebările: ce să fac? Cum să-l instalez? Eu nu aveam cablu TV, nu aveam nimic acasă. Totul a trebuit să fie pregătit. Mi l-a adus un domn care l-a şi instalat. Funcţiona cu un stick. Câteva luni a mers aşa, apoi am făcut abonament pentru cablu. La început parcă eram analfabetă. M-am chinuit ceva vreme până m-am deprins cu el, mergea foarte greu, era cam leneş, dar nu cârteam, fiindcă îmi dădusem seama de valoarea lui în viaţa mea. Am lucrat teme pentru curs, eram ca un copil care urma să descopere lumea. Devenisem prieteni. Pentru mine, calculatorul a fost o oportunitate de a cunoaşte lumea. Îmi vedeam copiii, îmi vedeam cunoştinţele, citeam mult, intram pe unde apucam. Era o lume nouă, acasă, fără stres, fără timp limitat.

Am să vă povestesc ceva care mi-a marcat existenţa. Lucram la curs online pe platformă, dar nu prea înţelegeam mare lucru, căci termenii folosiţi în învăţământ s-au modificat faţă de cei pe care-i învăţasem la Liceul Pedagogic absolvit în 1977. Tehnologia a avansat enorm de atunci. Simţeam că sunt în urmă, că am de recuperat şi în acest punct. De fapt, de când acest calculator a intrat supranatural şi gratis în casa mea, a început o dezvoltare personală accelerată. În anul 2013 am învăţat cât nu învăţasem până atunci în viaţa mea. Dumnezeu mi-a dăruit exact acel lucru de care aveam nevoie. O poartă spre cunoaştere şi dezvoltare! Fascicul de lumină!

Şi lumina venea în valuri spre mine. Şi lumina curgea prin mintea mea, fiindcă aveam nevoie de ea. Era capătul tunelului. Ajunsesem la lumină! Cerusem lui Dumnezeu să mă lumineze! Toate depresiile, presiunile, gândurile negative au zburat rând pe rând. Ani de zile de aşteptare în întuneric! Ani de zile! Drum lung din 1992 şi până acum!

Este scris: „Răscumpărați vremea, căci zilele sunt rele." (Efeseni 5:16)

Mergând de colo colo pe internet, în afara timpului de lucru la platforma ICOS, am găsit un coach din Galați care avea un blog foarte interesant. Nu eram conştientă de ce făceam, doar intram, citeam şi dacă mă interesa stăteam, dacă nu, părăseam pagina. Am intrat pe blogul lui, m-am uitat la contact, am văzut că stă în Galați, la doar o stradă distanță de mine, i-am luat numărul de telefon şi l-am sunat. Nu ştiu nici azi de ce am făcut-o, dar impulsul de atunci nu-l voi regreta niciodată, fiindcă întâlnirea cu acest om mi-a schimbat radical mintea. Am vorbit cu el la telefon, a fost cât se poate de serios cu mine şi m-a întrebat dacă am un scop clar şi ştiu unde duce viața mea şi ce vreau să fac cu ea.

De multe ori, în suferință, am exclamat această întrebare prin casă: „Doamne, ce să fac cu viața mea?" Mereu o puneam fiindcă mereu îmi doream altceva. Încă nu aveam o direcție clară. Încă mai căutam, dar nu ştiam ce! Nu aveam o viziune! M-am rugat la Dumnezeu să mă folosească, să mă schimbe, să-mi arate rostul în lumea asta largă! Să-mi arate misiunea mea!

Prin ceea ce mi-a spus acel om la telefon în toamna anului 2012, m-a convins că am de lucru cu mine însămi şi că va trebui să-mi schimb modul de a gândi şi va trebui să acționez altfel decât până atunci. Dar, ca să fac cu el dezvoltare personală, îmi trebuiau bani. Şi atunci am închis telefonul nervoasă şi am gândit că iarăşi, a mia oară în viață, nu pot face ceva important fără bani. Chiar eram interesată, dar, lipsind banii, nu puteam să lucrez cu el.

Asta era în mintea mea, fiindcă ce a urmat vă va demonstra că „planurile omului nu sunt şi planurile Domnului". Aici, Domnul a semnat supranatural cererea mea de a lucra cu un specialist în dezvoltare personală.

Iată cum au decurs lucrurile! După convorbirea avută cu Gabriel am mai mers pe blogul acestuia, pe pagina lui de Facebook şi am descoperit un concurs lansat de el! Era un concurs în care cel care comenta la materialele acestui om şi cel care va avea cele mai bune comentarii şi mai multe share-uri, va câştiga un premiu de 1500 lei, convertiţi în cinci şedinţe de coaching a două ore fiecare. Eram aşa de interesată să-mi schimb mintea şi viaţa, încât două luni am studiat până noaptea târziu toate materialele lui scrise şi video. Îmi luam notiţe şi comentam cât puteam de mult. Două luni de studiu individual. În paralel făceam cursul pentru clasa pregătitoare. Muncă intelectuală solicitantă, dar era drumul meu. Aveam doar două alternative: 1) reuşesc; 2) reuşesc.

Cerusem prin rugăciune înţelepciune. Cerusem iluminare şi dezvoltare. Cerusem! Acum eram în plin proces de transformare. Începusem un lung proces de transformare minunată!

Am descoperit pe blogul lui Gabriel cele opt module de gândire care m-au copleşit 55 de ani, module de gândire negativă, care trebuiau înlocuite.

Mintea mea atacată de boală, otravă, circumstanţe şi decizii negative era cumva supusă tuturor celor opt modele de gândire:

- Gândire mică.
- Gândire depresivă.

- Gândire tărăgănată.
- Gândire copilărească.
- Gândire egoistă.
- Gândire împrăştiată.
- Gândire de victimă.
- Gândire negativă.

Ştiam acum că totul ţinea de felul cum mă priveam şi gândeam. I-am cerut lui Dumnezeu să îmi lumineze tot mai mult mintea. Şi El a făcut-o! Şi El spune: „Şi, dacă ştim că ne ascultă, orice I-am cere, ştim că suntem stăpâni pe lucrurile pe care I le-am cerut." (1 Ioan 5:15)

Eram convinsă şi conştientă că Dumnezeu acţionează asupra gândirii mele şi doream să cunosc mai multe despre gândire şi conştiinţă. La sfârşitul lunii decembrie 2012, am fost desemnată câştigătoarea concursului. Am fost anunţată pe Facebook. Am intrat în ianuarie 2013 şi mă frământam. Mă întrebam dacă Gabriel se va ţine de cuvânt şi-mi va acorda premiul şi dacă va face şedinţele promise. O păţisem de atâtea ori cu încrederea în oameni. Eram suspicioasă, dar, într-o dimineaţă, acesta m-a întrebat pe net când voi fi pregătită să încep şedinţele.

Am făcut zece ore de coaching şi am câştigat multă dezvoltare şi lumină. Am ştiut că asta trebuie să se întâmple. Zece ore de discuţii libere cu un om pe care nu îl cunoşteam, dar câtă bogăţie a adus în mintea mea, câtă valoare!

În acelaşi timp, după multă muncă, luasem două cursuri importante: unul pentru profesia mea de învăţător şi altul important pentru valoarea mea ca om. Mă luptam și cu faptul că munceam foarte greu cu copiii din clasa întâi cu diverse handicapuri mentale, iar munca și lupta se duceau pe mai multe fronturi deodată. Apoi făceam două ore zilnic și o meditație cu un copil de clasa a II-a. Eram ca în armată. Mergeam pe sârmă! Mă dezvoltam într-un mod amețitor! Dar cel mai mult am lucrat la a găsi un scop frumos care să mă determine să merg cu bucurie la școală.

Și știu că Dumnezeu mi-a dat o motivație clară, prin aceea că rostul meu în acea școală era să fiu un mesager al Dragostei lui Dumnezeu printre oameni speciali, defavorizați de destin. Acolo puteam oferi dragoste necondiționată, fără așteptări, fără recompense, fără laude și fără rezultate și satisfacții personale deosebite. Dragoste și lumină într-o lume întunecată. Așa am fost și eu, cu o minte întunecată, cu o viață grea și dură. Eu am avut nevoie de dragoste și lumină.

Dacă Dumnezeu m-a vindecat și eliberat, atunci puteam oferi și eu aceste ingrediente emoționale copiilor defavorizați: i-am învățat să cânte, să danseze, m-am jucat cu ei în tot felul de moduri, am făcut gimnastică la sala de sport, i-am instruit și i-am educat cu frică de Dumnezeu, considerând că, dacă El a semnat acest plan pentru viața mea, îmi va da și puterea să-mi duc la capăt misiunea și profesia.

M-am disciplinat și m-am hotărât să recuperez toate cioburile, toate fărâmele de om în care fusesem spartă, fiindcă îmi știam valoarea. Iar valoarea mea stătea nu în ceea ce credeau rudele, foștii soți sau alți oameni, nu, valoarea mea era așa de extraordinară încât, atunci când am înțeles-o cu adevărat, m-am calmat, iar în interiorul meu s-a instaurat o pace asemenea unui râu liniștit.

Această pace venea din mâna lui Dumnezeu. Valoarea mea ca om stătea doar în Fiul lui Dumnezeu care, în 1992, în bisericuța aceea mică, cu oameni calzi și primitori, mi-a zis: „Veniți la mine toți cei trudiți și împovărați și Eu vă voi da odihnă." (Matei 11:28)

După orele de coaching, am primit fel de fel de provocări, în fața cărora trebuia să iau decizii, să-mi testez cunoștințele învățate cu Gabriel și să văd cum trec examen după examen. Încă lucram în afara programului școlar la compania de nutriție, dar rezultele nu erau la nivelul așteptărilor mele.

Într-o seară, pastorul bisericii pe care o frecventez a dat exemplul unui tânăr care avea o afacere și lucrurile nu mai mergeau bine. Atunci el s-a hotărât să-i dea lui Dumnezeu toată povara și afacerea sa, ca El s-o administreze corect. Din momentul acela, a obținut contract după contract, fiindcă nu mai conducea mintea omului, ci mintea Domnului.

Așa că am luat și eu exemplul acesta pentru viața mea. Obosisem să lucrez atât de mult. Nu mai aveam chef să fac afacerea cu nutriția. Și am decis, conștient, să îi las lui Dumnezeu toate preocupările mele.

Am spus: „Tată, în Numele Fiul Tău eu decid să las toate lucrurile începute în mâna Ta". Am anunțat la firma Wellness că îmi întrerup activitatea și câteva zile am stat în pat, fără să fac nimic. Habar nu aveam ce va urma! Așteptam o mișcare a Domnului!

Așteptam altceva! În afacerea începută eram bună, știam cum să vorbesc și să empatizez cu oamenii, dar ei nu cumpărau produse ca astfel să genereze profit. Munca era solicitantă. Seminarii, prezentări, telefoane, evaluări

92

gratuite, mult timp pierdut fără rezultate! Am stat, dar nu mult, fiindcă în viața mea a apărut un tânăr de 27 de ani, Cristian, care m-a abordat pe Facebook. Apoi am vorbit la telefon. Și el era un coach, ca și Gabriel, dar acesta s-a implicat mult în descoperirea adevăratului meu talent ascuns, nescos la suprafață. Am vorbit de multe ori la telefon și ceea ce l-a atras a fost dezinvoltura cu care vorbeam despre Dumnezeu și ceea ce a făcut El pentru mine. Într-o singură discuție, ne-a venit amândurora ideea să scriu o carte despre acest subiect. Asta era!

Am simțit o încredințare și o bucurie fantastică doar la ideea de a scrie o carte. O aveam în gânduri, în memorie, în inimă.

Știam că aveam o misiune. Și am crezut din prima clipă în ea. Era iunie. Mai aveam două săptămâni până terminam anul școlar 2012-2013.

Când am hotărât să încep să scriu, m-am blocat.

„Doamne, de unde să încep? Cum să mă ordonez? Ce să scriu?"

Și am început cu sfârșitul, că pe acela îl vedeam mai bine și mai clar. Apoi am stat zile întregi și am așteptat să îmi vină o idee. Nu puteam scrie doar sfârșitul. Mă rugam să-mi curgă în minte o idee.

Apoi mi-am planificat niste termene clare, ca să am motivația necesară pentru a continua drumul. Nu am scris nicicând o carte, dar antrenament la scris aveam, deoarece publicasem multe articole de specialitate în revista catedrelor didactice „Școala Gălățeană". Mă mișcam ușor între cuvinte. Am vrut să scriu o carte cu un limbaj simplu, pe care să o citească și o femeie de la țară, după o zi grea de muncă, dar și președintele României, în timpul unui zbor de la București la Paris. Viziunea era clară: o primisem mai demult.

Așa că în 8 iunie 2013 am început. Alergam pe pistă, în continuare. Cu mine uneori alerga și Cristian, ori de câte ori îmi era greu, nu mai aveam chef, idei, motivație. Acest tânăr a lucrat coaching cu mine pentru că și-a propus să mă ajute în acest concurs spre realizarea visului meu, cartea. Am avut câțiva oameni fideli care m-au susținut prin telefoane, sfaturi, discuții libere, strategii, mai ales pe Luciana din Brăila și Vasile din Întorsura Buzăului.

Primul capitol a fost citit inițial de Claudia, apoi de Mariana, apoi două luni am alergat singură pe pistă. Nu a mai citit nimeni niciun capitol. Zile întregi am stat în casă, vara, în vacanță, fără să văd pe nimeni.

În fiecare seara mi-am propus să ies cu căștile în urechi, cu muzică ritmată, să merg alert pentru a-mi activa puterile mentale, a-mi fortifica organismul, a produce endorfine și a oxigena creierul obosit de peste zi. Nu am sărit niciodată peste ora de mers continuu și rapid, între 22-23. Apoi m-am oprit. Am închis dosarul și   mi-am luat vacanță. S-au întors din însorita insulă Malta, Cristi, Mirela și Sorin, copiii mei, și m-am relaxat și bucurat de întoarcerea lor în Galați. Simțeam că acest proiect va fi cea mai mare realizare a vieții mele.

Mă entuziasma, mă fascina, mă simțeam ca peștele în apă, eram fericită, mă vedeam la lansarea de carte, alături de Cristian și toți invitații mei. În orice problemă, apelam la Cristian, iar acesta despica firul în patru, găsea soluții, iar eu le aplicam. Devotamentul lui m-a cucerit, iar legătura dintre noi a devenit tot mai profundă. Era cel care alerga, de fapt, lângă mine.

Apoi, motivația de a continua alergarea trebuia alimentată ca motorul unei mașini. În timp ce scriam, în vara lui 2013, a apărut în viața mea alt personaj, o femeie pe care nu o văzusem de zece ani și care mi-a trimis o invitație pe Facebook. Nu știam cine era. Am rugat-o să-mi spună câte ceva despre ea. Am recunoscut-o! Și a urmat o zi plină de lacrimi și amintiri frumoase și dureroare. Veți vedea ce legătură a avut cu motivația de a continua alergarea.

Magda era soția unui profesor, coleg de serviciu. Împreună cu fiul lor plecaseră în Canada. Știam câte ceva despre povestea lor, dar fiind așa de departe nu am avut cum să mai ținem legătura. M-a surprins plăcut apariția ei, oricine s-ar bucura când regăsește pe cineva drag, o creștină care frecventa aceeași biserică cu mine. Așa am început o relație frumoasă Galați-Canada. Așa că ea mi-a povestit că este recăsătorită, are o nouă familie fericită și că Dumnezeu a binecuvântat-o însutit după ce l-a pierdut pe primul ei soț, adică pe colegul meu drag, pe prietenul meu sensibil, cu care aveam deseori discuții lungi și profunde despre suferințe, boli și divinitate.

Dorin, colegul meu de școală, era un om tandru, bun și blând, temător de Dumnezeu. Magda, soția sa, era profesoară de engleză la altă școală. Amândoi aveau aceeași profesie. Chipul meu s-a mâhnit și lacrimile curgeau în timp ce Magda îmi scria povestea lor. Era ca într-un film. Vedeam totul, amintirile mă copleșeau, îl vedeam în ochi pe Dorin, îmi aminteam frânturi de discuții, eram într-o poveste, cu final trist.

Dorin avea, de când predam amândoi la aceeaşi şcoală, un temperament melancolic, se vedea că acest bărbat avea un suflet ales, deosebit. Când au hotărât să plece în Canada, m-am bucurat pentru ei. Mă gândeam la un alt stil de viaţă pentru băiatul lor. Odată ajunşi în Canada, s-au întâlnit cu bărbaţi duri, activi, dinamici, viguroşi. Plăpândul meu coleg nu a rezistat. Era complexat în faţa acestui gen de bărbaţi.

Era un om dominat de frică, nu putea conduce nici o maşină. Frica a fost elementul care i-a mânat viaţa până la moarte şi ce moarte înfricoşătoare şi-a rezervat!

Sensibil şi timid, nu s-a acomodat în Canada şi după nouă luni a vrut să se întoarcă în România, frământat de ideea că nu va reuşi! Cred că se simţea neînţeles, într-o lume atât de diferită, şi nu a avut aceeaşi viziune ca Magda. Când cei doi soţi nu au aceleaşi scopuri şi aceeaşi viziune, relaţia se rupe. Setare mentală complet greşită, stimă de sine scăzută, circumstanţe noi, indice de adaptabilitate scăzut, gândire negativă, mică!

A luat bani din micile lor economii, şi-a cumpărat bilet de avion şi s-a întors singur la Galaţi, fără cei dragi! Decizii luate sub presiune. Robinetul stresului era deschis şi el nu a mai ştiut cum să-l închidă şi nimeni nu l-a ajutat. Traumatizantă experienţă! Se destrăma o familie frumoasă, o relaţie între doi oameni care se iubeau şi se respectau enorm. Plângeam continuu! Parcă Dorin era cu noi!

Când soţia sa a înţeles că soţul ei a părăsit-o şi s-a reîntors în ţară, a suferit aşa de mult încât a slăbit 12 kg într-un timp foarte scurt. O durere sfâşietoare i-a cuprins inima. Era singură, responsabilă cu creşterea unui copil într-o țară în care, practic, se afla la început de drum și nu avea nimic.

Dorin s-a întors pe postul de profesor la școala unde funcționam amândoi și rețin momentul în care l-am văzut intrând pe poarta școlii și am rămas cu gura căscată, șocată fiind de apariția lui după nouă luni de la plecarea în Canada. Am vorbit mult, era așa de stranie povestea lui. Nu înțelegeam de ce s-a întors, vorbea de multe ori mai diferit decât alții, dar știam că nu procedaseră corect. Când mi se cere sfatul, vorbesc, dar când nu mi se cere nimic, nu obișnuiesc să dau sfaturi. Așa că am tăcut, am continuat să ne împărtășim trăirile. Amândoi duceam vieți grele în acea perioadă, pline de multe frământări și necunoscute, fiecare căutam rezolvări, fiecare căutam claritate în gândire și în acțiune. Doar ne sprijineam și când ne priveam știam că avem nevoie doar de intervenția lui Dumnezeu. O prietenie frumoasă!

După un an, a venit la școală și m-a anunțat, în mare secret, că el se reîntoarce în Canada. Am fost bulversată, am continuat să tac. Ne-am luat rămas bun atunci pentru ultima dată. Ajuns acolo a devenit un soț indiferent. Luni de zile și-a torturat nevasta prin indiferență. Nu o atingea. Era ciudat! Cineva din biserica locală l-a tot observat și și-a dat seama că este bolnav. Apoi și-a luat o cameră cu chirie și stătea singur, însă își vizita băiatul. Umbla din biserică în biserică, cred că nu își mai găsea rostul. Își pierduse interesul și dragostea pentru viață, familie și Dumnezeu! Era singur prin lumea largă!

Singurătatea este atunci când strigi și nimeni nu te aude, fiindcă sufletul tău strigă în tăcere deplină.

Înțeleg astfel de comportamente, fiindcă am fost și eu în situația aceasta, și-mi strigam mut suferința într-o lume rece și indiferentă. Asta ne unea! Suferința neexprimată! De aceea ne înțelegeam din priviri.

Sufletele noastre strigau după vindecare și iubire! Rezervoarele inimilor noastre trebuiau umplute! Acum văd mai bine! Iubirea face totul!

„Dragostea acoperă totul, crede totul, nădăjduiește totul, suferă totul." (1 Corinteni 13:7) El nu avea inima plină de dragoste.

În el murise dragostea, viața, Dumnezeu! Încrederea în sine era distrusă. Ea reprezintă o falsă percepție a propriei persoane. Încrederea în sine se dezvoltă acționând. Ori Dorin se închisese în lumea lui, era timid și măcinat de o frică ucigașă și nu putea sparge cercul vicios pe care doar acțiunea îl putea doborî.

O persoană care nu are încredere în ea însăși se manifestă printr-o retragere socială, printr-o teamă permanentă de necunoscut și prin stări emoționale negative. Fusesem de multe ori așa!

În 31 martie 2010, a rugat-o pe soția lui să-l lase la calculator și a căutat pe internet cuvântul „schizofrenie", apoi i-a spus acesteia: „Uite Magda, am toate simptomele!" El știa deja ce are, ce îl macină, ce îl absoarbe încetul cu încetul. El știa!

Era slab, nu mânca de mult timp. Boala era într-un stadiu avansat. Nu te mai puteai înțelege cu el! Nu era în armonie cu propria persoană. Nu avea pace cu el! Nu avea pace cu Domnul!

Aproape o lună mai târziu, în 29 aprilie 2010, Poliția a sunat-o pe Magda și i-a spus că soțul ei s-a aruncat în fața unui metrou! Moarte zdruncinătoare pentru toți oamenii care-l cunoșteau. Boala, schizofrenia l-a cucerit! Creierul îi era uscat! Îl durea și să respire! Organele i se sclerozaseră! Nu mânca, nu bea, nu lua suplimente care să-i hrănească trupul, nu mai judeca. El cred că și-a decis moartea. Cred că suferea așa de tare, încât a ales!

Soția sa a plâns, eu am plâns continuu cât am vorbit pe Facebook! Am plâns în hohote! O lecție de viață!

Și atunci s-a cristalizat definitiv convingerea care mi-a subliniat, încă o dată, misiunea mea pe pământ! M-a făcut să cad din nou pe genunchi, să-I mulțumesc lui Dumnezeu că m-a salvat de la moarte de atâtea ori și mi-a dăruit un cadou imens: o viață nouă! M-am născut din nou, ca să pot fi de folos oamenilor!

Alergam pe pistă! Ușor, ușor, înainte! A fost suficientă povestea aceasta care m-a emoționat mult ca să pot privi încă o dată spre mine. Dumnezeu a semnat planul mântuirii și al salvării mele, pentru a fi un exemplu pentru toți cei care vor avea nevoie.

Dumnezeu a ștampilat misiunea mea! El a trimis toți oamenii de o parte și de alta a pistei, pentru a mă susține. El mi-a arătat cum să-mi schimb stilul de viață pentru a mă însănătoși, mi-a creat circumstanțele spre reabilitare și progres, mi-a ținut cărarea curată, El m-a apărat de potrivnici și mi-a dat valoarea și talentele, El a schimbat traiectoria vieții mele într-un mod perfect!

Când eu m-am abandonat în mâna Lui, El m-a ținut
și m-a tras după El, așa cum zice și poezia următoare:

„Mâna Ta, Doamne, m-a scăpat de moartea grea,
Mâna Ta, Doamne, mă păzește-n noaptea rea,
Și poate fi valu-nalt, Tu ții corabia mea,
Mâna Ta, Doamne, mă va purta."

Dacă te golești de tine, de sinele tău, și-L predai
unui Dumnezeu așa de priceput și de înțelept, cu
siguranță El va direcționa corabia vieții tale în port fără
probleme. Scos din mocirla propriului sine, așa încât să
nu mai crezi că ești cineva, în sfârșit ai pace, ești curat în
inimă, ești eliberat de tine însuți și Îl cauți pe Dumnezeu
doar pentru ceea ce este El.

A fost o femeie care a trăit cu secole în urmă. Ea
s-a luptat să ajungă în preajma Mântuitorului Hristos.
Era bolnavă de mult timp. O mulțime aglomerată se
frământa în jurul Învățătorului.

Însă femeia a ignorat total înghesuiala și, parcă fiind
singură cu Domnul, a atins poala hainelor Sale și a fost
vindecată. Isus și-a întors capul și a spus: „Cine s-a atins
de Mine?" Cei din jur au răspuns: „Te afli în mijlocul
unei mulțimi, înghesuit, îmbrâncit și mai întrebi: cine s-a
atins de Mine?"

Însă, cu vocea Sa blândă, El a luat cuvântul: „Am
întrebat doar cine s-a atins de Mine prin credință? Cine
M-a atins cu dragoste?" Ea l-a atins cu încredere totală,
cu apreciere și dragoste! Ea a fost vindecată și eliberată
de o boală specifică femeilor, care dura de 12 ani!

Și astăzi, acest Dumnezeu mai așteaptă pe cineva
care neglijează mulțimile, circumstanțele și tradiția ca,

prin credinţă şi dragoste, să-şi facă loc pentru a-L atinge şi a fi vindecat în întregime!

Acum, sunt un om întreg!

Acum sunt schimbată şi reabilitată!

Dragă cititorule, te-am plimbat de ceva vreme prin galeria de artă a vieţii mele şi am privit fiecare tablou în parte. În ultimul capitol te-am luat cu mine pe pista de alergare a singurătăţii mele! Ai fost prezent, ai simţit, ai trăit alături de mine!

Acum măresc ritmul alergării. Sunt pe ultima sută de metri. Mă îndrept spre sfârşitul cursei! Tu eşti aici! Tu eşti cu mine! Tu ai înţeles că o galerie are un Pictor! Tu ştii că la capătul unei curse de alergare, este un Podium! Tu crezi în victoria mea! Mă cunoşti! Gata! Am trecut linia de sosire! Am terminat cartea! Am terminat cursa! Am câştigat! Am câştigat viaţa! Am depăşit toate provocările până la linia de sosire!

Tu eşti aici! Aştepţi premierea! Eşti alături şi îmi intuieşti emoţiile! Pieptul meu tresaltă! Dar gustul victoriei este extraordinar!

Îţi mulţumesc că ai rămas aici cu mine, umăr la umăr, inimă la inimă. De azi suntem o echipă! Sunt pe podium! Sunt o româncă, o femeie care a reuşit să învingă întunericul şi să vadă Lumina! Am terminat de vizitat galeria cu tablouri multicolore. Suntem la uşă! Uite, la intrare stă Pictorul! Pictorul vă strânge mâna şi vă iubeşte!

Lucrări dinainte pregătite...

Dimensiunea veşnică a voii lui Dumnezeu

Când am decis să pun titlul ultimului capitol din această carte, „Lucrările dinainte pregătite", m-am gândit să explic ce înseamnă acest lucru pentru noi, din perspectiva dimensiunii veşnice a voii lui Dumnezeu.

Oamenii care îşi manifestă activ în viaţa de zi cu zi credinţa lor ştiu că Dumnezeu este planificator şi că nu îşi manifestă voinţa în mod spontan, dependent de situaţii.

El are un plan bine fixat pentru viaţa mea, a ta, a noastră, a tuturor! Noi nu suntem produse banale ale destinului sau hazardului, nici măcar atunci când am fost procreaţi „fără voie". Când se nasc copii nedoriţi, Domnul spune: „Când nu eram decât un plod fără chip, ochii Tăi mă vedeau şi în cartea Ta erau scrise toate zilele care-mi erau rânduite, mai înainte de a fi fost vreuna din ele." (Psalmul 139:16-17) Dumnezeu este un planificator universal, care le-a gândit şi le-a pregătit pe toate înainte de întemeierea lumii.

Vreau să clarific printr-un exemplu: vestea unei a doua sarcini în viața mea m-a lovit ca un trăsnet și am făcut tot ce am știut în 1985 ca să „pierd" copilul care urma să vină. Nu eram căsătorită, mai avusesem o căsătorie cu opt ani înainte și trăisem în păcat. Viața mea se schimbase total: mi-era rușine de părinții mei, de primul meu copil și nu acceptam mental că mai pot naște în aceste condiții.

La două luni și jumătate, am crezut că am scăpat de sarcină, după toate metodele empirice folosite. O doctoriță mi-a confirmat și am crezut că am pierdut sarcina. Dar nu era decât începutul. Făceam gimnastică în casă, când, după două luni de la „eliberarea mea de sarcină", ceva s-a întâmplat în interiorul pânteculului meu.

Am crezut că mi-am luxat un mușchi de la gimnastică. Dar ceva, un impuls lăuntric, m-a făcut să merg la o consultație la un medic ginecolog.

Știu că doctorul a rămas uimit și în timpul consultului m-a anunțat că am un copil de patru luni și jumătate care a mișcat deja. Asta a fost lovitura de teatru. Am rămas perplexă. Cum să anunț o sarcină fără soț, căci nu eram căsătorită legal, cum să dau ochii cu tata și mama, cu fratele meu care era în armată, cu băiatul meu care avea șapte ani? Totul se prăbușise... totul!

Am început să mă pregătesc cu rochițe adecvate, am suportat greu rușinea și acasă și la școală, printre colege. Directoarea școlii m-a chemat și m-a atenționat că purtam o sarcină ilegală. Eram în comunism.

La un moment dat, mama mi-a zis că am putea să dăm copilul la Casa Copilului. Dar vorbele mi-au ieşit din inimă: „Mamă, dacă este o fetiţă, cum s-o las la Casa Copilului?" Deja legătura se formase între făt şi mamă. Nu erau aparate care să depisteze sexul copilului, de aceea m-a uimit când s-a adeverit la naştere gândul meu cu fetiţa. Fiindcă fetiţă a fost! O fetiţă mare şi atât de frumoasă încât am fost copleşită! De atunci, am rămas ruşinată în faţa lui Dumnezeu, care a vrut-o cu atâta iubire, cu atâta forţă încât El nu a permis să pierd acest copil.

Apoi s-a adeverit. Peste 16 ani, ea a fost aleasă pentru a sluji lui Dumnezeu. Este un om sensibil, hotărât şi puternic, prin suferinţele prin care a trecut la rândul ei, în viaţă. Dar este o tânără binecuvântată şi a făcut alegerea cea mai importantă a vieţii ei la timpul potrivit, aceea de a deveni creştină.

Toate lucrurile El le-a pregătit dinainte, cu grijă, pentru toţi oamenii din toate vremurile. Este scris în Efeseni 2:10: „Căci noi suntem lucrarea Lui şi am fost creaţi în Hristos Isus pentru fapte bune pe care Dumnezeu le-a pregătit mai dinainte să umblăm în ele."

Totul este hotărât şi planificat chiar şi în cadrul clipelor şi timpurilor. În Eclesiastul 3:1 este scris: „Toate îşi au vremea lor şi fiecare lucru de sub ceruri îşi are timpul lui".

Dumnezeu a planificat graniţele spaţiului în care locuim şi în care acţionăm: „El a făcut fiecare neam de oameni dintr-un singur sânge, ca să locuiască pe toată faţa pământului, le-a aşezat timpuri rânduite şi hotare locuirii lor." Şi locul unde locuim şi copiii şi soţul şi părinții, toate lucrurile sunt planificate de Dumnezeu.

Chiar și căile și deciziile noastre zilnice sunt planificate: „Inima omului se gândește pe ce cale să meargă, dar Domnul îi îndreaptă pașii." (Proverbe 16:9)

O cunoștință de-a mea, Nina, mi-a făcut o mărturisire, într-o seară de iarnă, când am mers amândouă pe faleza Dunării. Mi-a spus că va avea un copil, la 40 de ani, o vârstă critică pentru a fi mamă.

Începuseră îndoielile, controalele, discuțiile cu soțul ei despre bani, despre una, despre alta.

La un moment dat, mi-a relatat că s-a decis pentru întreruperea sarcinii, fiindcă nu voia să riște și să iasă cumva din zona ei de confort. Avea o stare socială și materială care îi permitea orice. Ne-am întâlnit într-o seară târziu, pe stradă, și i-am spus că ea este liberă să facă avort, dar va trebui să se întrebe ce va spune Dumnezeu despre decizia ei. Am fost fermă în acea discuție. Am mers acasă tristă și m-am rugat Domnului, abandonând-o în mâna Lui. Știam ce gol va lăsa acest act deliberat al ei. Știam că nu îi va fi bine și că va suferi. Știam, fiindcă trecusem pe acolo. Inima mea era îndurerată. Așa am adormit!

Dimineața, undeva pe la ora 11, am primit un mesaj telefonic. Îmi scria draga mea Nina: „Sunt programată azi să fac o întrerupere de sarcină... dar, știi ce? M-am hotărât să dau viață acestui copil!"

Am înțeles atunci, pe loc, că Domnul a transformat inima ei, că El a răspuns credinței și inimii mele îndurerate. Ea și-ar fi pierdut relația cu Dumnezeu! Asta mă durea!

Știam că s-a împlinit ce este scris în 1 Ioan 5:14: „Îndrăzneala pe care o avem la El este că dacă cerem ceva după voia Lui, ne ascultă!"

O bucurie uriașă mi-a invadat inima și am început să sar prin casă. Știam că El mai câștigase o victorie! O sarcină destul de ușoară, fără urme pe trupul și fața ei, o fetiță care-i semăna leit mamei, mai ales prin ochii ei albaștri, un nume frumos: Anastasia.

Când cerem după voia Lui, Domnul ascultă și este impresionant să-L vezi la lucru!

Multe alte răspunsuri la rugăciuni sincere și pline de credință vor urma de acum înainte!

Trăind o viață disciplinată!

Cum am început să ies din lunga depresie care m-a „mâncat" ani de zile? Am găsit la Biblioteca din Galați o carte cu titlul: „Notează și acționează". Am citit-o și am simțit că este ce am nevoie pentru a-mi ordona viața. Am început să-mi notez în scris toate obiectivele pe care le aveam de atins pe o săptămâna sau chiar pe timp îndelungat.

Apoi, încet, cu greu, cu capul întunecat, transpirând deseori de emoție, realizam una câte una treburile propuse. Tăiam cu pixul fiecare punct îndeplinit. Am rămas cu deprinderea aceasta, deoarece consider că îți ordonează mintea. Refăceam listele mereu și mereu.

Am constatat că printr-o viață disciplinată ai doar avantaje diferite:

• Întărirea voinței.
• Flexibilitate în gândire.
• Dezvoltarea curajului când viața devine dură.
• Darurile fiecăruia sunt ridicate la un nivel de eficiență mai bun.
• Exercițiul face „maestrul", de aceea tot exersând și nelăsând lucrurile nerezolvate, ajungi să faci tot ce îți propui.

Dar trebuie să plătești un preț: să alungi comoditatea, să-ți învingi ego-ul, chiar să fii aspru cu tine.

• Viața disciplinată, cu viziune, o viață închinată unui Creator Puternic, care se concretizează în „faptele mai dinainte pregătite de El", îi inspiră și pe alți oameni și devine un model pentru ei.

Pavel îi scrie lui Timotei în Biblie: „Tu, însă, ai urmărit de aproape învățătura mea, purtarea mea, hotărârea mea, credința mea, îndelunga mea răbdare, prigonirile și suferințele." (2 Timotei 3:10-11)

Darul cel mai mare al lui Pavel către tânărul Timotei a fost exemplul unei vieți disciplinate și consecvente.

Devenind zi de zi disciplinați și credincioși în lucrurile mici, vom putea căpăta abilitățile necesare rezolvării altor probleme mai mari.

Gândirea noastră trebuie antrenată ca să fie mereu în stare de găsire de soluții. Prin credință și rugăciune. Astfel vom avea o minte sănătoasă, pregătită şi activă în faţa oamenilor şi a lui Dumnezeu şi vom fi atenţi la ceea ce vrea El să realizeze prin viaţa noastră.

Mie mi-a descoperit darurile şi înzestrările personale, mi-a descoperit şi chemarea, misiunea mea pe acest Pământ! De multe ori a trebuit să schimb convingerile din trecut, introducând altele noi, cum ar fi stilul de alimentaţie sănătos sau împărţirea salariului meu de bugetar în plicuri pe care aveam scrise totdeauna ceea ce trebuia să plătesc în fiecare lună. Nu puteam să scot nici un ban dintr-un plic, deoarece sumele erau strict pentru domeniul respectiv. De când nu am mai primit nici un salariu în casă în plus, în afară de al meu, am trăit cu 5, maximum 10 lei pe zi, atât când aveam copiii cu mine, cât şi când am rămas singură. Nu mi-am permis niciodată să îmi iau ceea ce îmi doream. Dar, am rezistat aşa, din puţin. Nu mi-a fost comod, nu m-am simţit împlinită ca femeie, dar nu aveam o alternativă, decât disciplina personală. Toate plusurile pe lângă salariu au venit din mâna lui Dumnezeu prin diferite canale. Am renunţat la pâine, la zahăr, la prăjeli, la dulciuri, la multă sare, pentru că m-am gândit că dacă vârsta pensionării va creşte alarmant în România, atunci stă în responsabilitatea şi puterea mea să fac tot ce depinde de mine să-mi întreţin sănătatea şi să mă menţin în formă.

De multe ori, la şcoala specială merg la sala de sport şi fac exerciţii la bicicletă sau bandă etc., iar profesorii mă lasă să folosesc aparatele, fiindcă apreciază dorinţa şi tenacitatea mea în vederea schimbării. După ani întregi de stat în pat, am decis că este timpul, chiar dacă e târziu, să fac ceva bun pentru viaţa, trupul, mintea şi sufletul meu. Asta îmi dă curaj!

Asta mă motivează să-mi ating scopurile propuse.

În urma tuturor anchilozărilor și a bolilor prin care am trecut, am avut mult de lucru cu circulația sângelui. Intrând în compania multinațională de nutriție, am aflat în multe seminarii la care am participat că aveam nevoie de tratament cu suplimente Omega3, acizi grași din ulei de pește. Nu aveam cum să introduc prin alimentație acest ulei, nu-mi permiteam să mănânc zilnic pește, așa că am decis conștient să suplimentez prin pastile acest element de bază al corpului nostru. De trei ani consum în mod constant Omega care mi-a adus beneficii enorme pentru sănătate. Uleiul de pește are un efect antiinflamator, eficient la bolnavii de artroză.

De asemenea, creierul uman este alcătuit în proporție de 60% dintr-un acid gras DHA, care este un component esențial al membranei celulelor sistemului nervos.

De aceea, Omega este excepțional în tratarea depresiei. Este ideal pentru copiii cu tulburare de concentrare și atenție, copiii neliniștiți, agitați, veșnic în mișcare. Corpul nu fabrică acest element esențial și noi trebuie să îl suplimentăm prin aport zilnic.

Eu am avut, pe fond de obezitate, o tensiune crescută alarmantă. De două ori, Salvarea m-a luat de la școală și m-a dus la Urgență, cu valoarea de 22. Acolo, medicul se uita în ochii mei și îmi spunea: „Arterele sunt îngroșate. Aveți o greutate mare. Trebuie să slăbiți!"

Când am pierdut primele 6 kg am simțit o mare ușurare și tensiunea a scăzut. De când iau Omega, niciodată nu am mai avut o tensiune mai mare de 14.

Având băiatul bolnav de tânăr de psoriazis, m-au interesat toate informațiile despre boală și metode naturale de tratament.

Acizii grași Omega3 au o mare influență asupra sistemului imunitar și a răspunsurilor inflamatorii ale organismului nostru. Astfel, joacă un rol important în sănătatea diverselor țesuturi organice din vasele sanguine, piele, ficat, articulații, rinichi, pancreas. Înhibând producerea substanțelor inflamatorii în exces, acizii grași pot contribui la ameliorarea artritei, a psoriaziului, a inflamațiilor intestinale.

Am avut arsuri de stomac permanente, colon iritabil cu grave probleme, dar toate au dispărut. Corpul meu era inflamat de la stilul meu de viață haotic.

Rezultatele cercetărilor științifice indică faptul că acizii grași sunt eficienți în inhibarea tumorilor cancerigene la colon, pancreas, sân, prostată.

Chimioterapia este atât de agresivă, încât corpul bolnav se intoxică la maximum și de multe ori oamenii mor după tratamente prelungite cu chimicale puternice. Proclam prevenția, suplimentele nutritive naturale, mișcarea regulată și o alimentație și nutriție celulară corectă.

Disciplina întărește caracterul. Când am decis să scriu cartea, mi-am făcut o listă clară cu termene bine stabilite.

Primul termen a fost 1 septembrie 2013. Atunci mi-am propus să o termin. Dar nu mai puteam să mă concentrez. Treceau zile întregi și nu puteam să scriu niciun rând. Era vară, era clad, stăteam închisă în casă, nu ştiam ce să scriu, mă gândeam că nu voi putea respecta termenul.

Însă, deodată, mi-a venit inspiraţia şi într-o seară am scris până am terminat-o. Am fost aşa de fericită! Mi-am anunţat cunoscuţii de bucuria mea înainte cu trei zile de 1 septembrie. Reuşisem!

La termenul stabilit, am simţit o mare uşurare, ca o victorie. Alt terment era 1 octombrie 2013. Până atunci, era nevoie de culegerea textului, de corecturi, adăugiri etc.

Dar nu aveam abilităţi de a mânui calculatorul, începea şcoala, nu mai puteam scrie cartea încă o dată, în format electronic; era prea mult pentru mine. Nu găseam nicio soluţie. Am fost pe la centre xerox, am întrebat cât mă costă, în cât timp mi-ar putea scrie cartea, dar nu mă puteam hotărî, încă nu aveam pace.

Nu voiam să las pur şi simplu manuscrisul pe mâna oricui. Sunt profund legată emoţional de cartea aceasta şi mă gândeam că am nevoie de un om de încredere. Însă nu aveam pe nimeni în minte. Cine ar fi stat să scrie la calculator pagini întregi?

Într-o zi, de la un xerox de lângă casa mea, am plecat în vizită la o prietenă de familie. Obişnuiesc să trec s-o văd. În timp ce urcam pe scările blocului, mi s-a aprins o lumină în minte. A fost ca o străfulgerare de o secundă. Mi-a venit gândul să o întreb pe Carmen dacă ar vrea să mă ajute în privinţa transpunerii în format electronic a cărţii mele. Ar fi fost cea mai bună variantă de a rezolva problema.

Am intrat în apartament și am întrebat-o direct pe fată dacă ar dori să facă parte din acest proiect, dacă are timp și dorința să mă ajute.

Și a fost de acord! Carmen a fost prima persoană după mine care a citit și a transcris textul în format electronic. O persoană creștină, serioasă și discretă! Ea a fost aleasă de Dumnezeu pentru această lucrare! Mulțumesc și sunt recunoscătoare!

Am reușit să respect și termenul al doilea. Listele cu lucrurile de făcut se șterg și se înlocuiesc cu altele. Dacă ai scopuri clare, găsești soluții, dacă nu ai scopuri, găsești scuze. Așa viața nu trece degeaba și disciplina personală conduce la rezultate specifice.

Înfrângerea emoției

Toată viața mea am fost anxioasă, dominată de o frică inexplicabilă, căreia nu puteam să-i fac față și din cauza căreia sufeream mereu.

Într-o seară, eram în biserică și aveam pe inimă să recit o poezie frumoasă, pe care o descoperisem în timp ce căutam ceva prin care să slujesc lui Dumnezeu. Găsisem poezia „Viața" și urma să ies în fața oamenilor s-o recit. Deși eram învățătoare, deși la școală nu mi-era frică să vorbesc copiilor, cîte patru ore zilnic, în public aveam mari probleme în a-mi controla emoțiile.

Am analizat, am citit și mi-am dat seama că eram stăpânită de un duh puternic de frică, frică de oameni.

Ştiam că nu este corect ca un creştin să aibă aşa o frică, dar trecutul meu încă domina fiinţa mea prin teamă. În public nu m-am simţit comod şi nu-mi plăceau şedinţele, adunările publice în general. Voiam să rezolv acest punct slab şi mă rugam mereu. Citind, studiind diferite materiale, am ajuns la concluzia că trebuie să fac exact lucrurile de care îmi era frică. Acolo, în interiorul momentului, era eliberarea.

În seara aceea, inima îmi bătea cu mare putere, sângele îmi urcase în obraji, urechile pocneau, parcă aveam nevoie de o Salvare ca să stea să mă aştepte la uşa bisericii.

Cineva chiar m-a îndemnat să stau liniştită, să nu mai ies în faţă, în acea stare! Atunci mi-a venit un gând: „Ce să fac acum Doamne? Să renunţ?" Trebuia să spun poezia cu preţul de a muri chiar, nu voiam să abandonez, voiam să ies biruitoare, voiam să înfrâng emotivitatea exagerată. De când l-am cunoscut pe Dumnezeu, m-am gândit că singurul loc unde pot să înving mânia, teama, domnia întunericului din mintea mea este, cu siguranţă, biserica.

Unde aş fi putut să vorbesc în public? Unde în altă parte? Deci, am ieşit, am luat microfonul şi am spus titlul poeziei. Tremurau vocea, picioarele, toate celulele.

Viaţa

Ce-i viaţa aceasta: părere, mister?
Un joc de contraste, un petec de cer?
Un vis ce sfârşeşte când e mai frumos?
O tăcere-n goană spre locul de jos?
Viaţa-i ca bobul de rouă ce-n zori
Se-aşează sfielnic printre ierburi şi flori

Dar când prima rază de sus l-a privit.
Zâmbește o clipă și... pleacă grăbit.
Viața-i ca fulgerul – steluță de nea,
Venit de departe cu gândul să stea;
Dar când palma caldă cu grijă l-a prins
Suspină-n tăcere și... plânge învins.
Sau poate-i scânteia ce zboară în van,
Desprinsă din fierul lovit de ciocan;
Sau stropul de ploaie, sau lujerul frânt,
Sau frunza desprinsă... purtată de vânt.
Viața-i nimic și din toate puțin.
Un vas poate gol sau adesea prea plin
Dar trece-ntr-o clipă, de parcă n-a fost...
Și-atunci oare, viața mai are vreun rost?
Scriptura ne-arată în filele ei
C-au toate o țintă, un singur temei,
Și firul de iarbă și brazii cărunți
Și gâza ce zboară și falnicii munți.
Și viața, mai mult decât tot ce s-a spus,
Căci viața aceasta e darul de Sus
Ea-i rampa lansării, spre locuri de vis
Sau trapa căderii în chin, în abis.
Deci, azi, te gândește că viața ce-o ai
Te poate conduce spre iad sau spre rai.
De vrei să trăiești într-un loc glorios,
O singură cale-i: Credința-n Hristos!

Am învins! Am plătit prețul! Dumnezeu m-a ajutat.
Totul urla în mine, dar am învins! Eu cred că se merită
orice efort de-a sluji un Dumnezeu care te-a salvat de la
moarte, de păcat, de iad. Cred că orice jertfă va fi
răsplătită, prin generozitatea Lui!

Dacă n-aş fi ieşit să recit, s-ar fi pierdut bucuria victoriei, s-ar fi pierdut impactul acestei poezii asupra vreunui suflet care avea nevoie de acest mesaj. Mulţi ani Dumnezeu a lucrat în multe moduri la eliberarea mea de frică şi mi-a dat discernământ când să acţionez şi când să stau pe loc, de aceea Îi sunt mereu recunoscătoare.

Recunoştinţa face diferenţa între cei care cred şi cei care nu cred.

Înmulţirea pâinilor

„Şi fără credinţă, este cu neputinţă să fim plăcuţi Lui! Căci cine se apropie de Dumnezeu, trebuie să creadă că El este şi că răsplăteşte pe cei ce-L caută." (Evrei 11:6)

Într-o vreme, în timpul documentării mele pentru această carte, veneam acasă din oraş când, deodată, apare Mariana, o femeie pe care o ştiam doar din vedere, nu-i cunoşteam viaţa. Ne-am aşezat pe un zid de piatră, cu sacoşele în mâini şi am închegat un dialog. Femeia lucra pentru copiii defavorizaţi şi pregătea zilnic mâncarea de dimineaţă şi de prânz.

Copiii mâncau mereu bucate alese, erau fericiţi când tanti Mariana le gătea şi îi servea cu câte un desert delicios. Dar viaţa ei nu era aşa de roz şi acasă, în familia ei.

Din discuţia noastră, mi-am dat seama că, de multe ori, lacrimile erau prezente pe chipul frumos al acestei femei. Mi-a povestit ceva extraordinar, mi-a povestit cum Dumnezeu Însuşi i-a vorbit într-o situaţie extrem de delicată şi dificilă.

În casa acestei creştine domnea, ca şi la mine, alcoolul. Ea muncea singură pentru a-şi întreţine copiii şi soţul. M-a impresionat mult povestea ei. Am rugat-o să îmi scrie pe o hârtie cateva rânduri şi i-am cerut permisiunea să adaug mărturia ei în carte. Când i-am citit mărturia, mi-au curs lacrimi pe obraz! Am înţeles cât de clar o călăuzise Dumnezeu în timpul unei încercări şi cum îi arătase exact ce să facă! Nu am scos niciun cuvânt!

O voi reda exact cum mi-a scris-o ea, pentru a fi un model şi o încurajare pentru mulţi oameni flămânzi, săraci, dispreţuiţi, disperaţi şi marginalizaţi.

Să citim împreună:

În Psalmul 37:5 se spune: „Încredinţează-ţi soarta în mâna Domnului, încrede-te în El şi El va lucra." Mi-am pus şi eu nădejdea şi credinţa în El de multe ori în viaţă. L-am cunoscut într-o zi şi am ales să fiu cu El toată viaţa mea. De atunci mă lupt să trăiesc o viaţă de biruinţă, nu prin puterea mea, ci rugându-L pe Domnul să mă însoţească pas cu pas. Nu este uşor, de multe ori cad, dar alerg la Tatăl meu să cer ajutor. Este minunat să umbli cu Dumnezeu în fiecare zi şi să-L laşi să te surprindă. Viaţa nu este uşoară, nu suntem scutiţi de greutăţi, de necazuri, de boală, dar nimic din toate astea nu ne poate despărţi de dragostea Lui.

Este scris: „Cine ne va despărţi pe noi de dragostea lui Hristos? Necazul sau strâmtoarea sau prigonirea sau foametea sau lipsa de îmbrăcăminte, sau primejdia sau

---

sabia?" (Romani 8:35)

Poate părea o poveste, dar eu am văzut cum s-a arătat Dumnezeu în viața mea și nu pot să nu mărturisesc una dintre experiențele mele practice cu El.

Acesta a promis că nu-și va lăsa copiii să-și cerșească pâinea. A fost o zi în care nu aveam nimic de mâncare acasă și nici cu ce să fac pentru copiii mei. Bani nu aveam, mai rămăsese doar 1 leu în portofel. Nu-mi dădeam seama cum să chibzuiesc acest leu. Mă întrebam ce să fac? Să merg pe jos, să iau pâine, sau să-l păstrez pentru o urgență, ceva? M-am rugat lui Dumnezeu și cu inima strânsă am plecat la serviciu neștiind ce voi face.

Am doi băieți care plecau la școală, mă gândeam poate că la prânz o să aducă soțul ceva, el nu mai avea serviciu de mult și lucra ocazional. După ce am terminat munca, am plecat acasă, întrebându-mă îngrijorată dacă în ziua aceea vom avea bani de mâncare.

Am ajuns, dar frigiderul era gol. Nu aveam ce să gătesc, copiii așteptau și ei. Nu puteam să-i descurajez. Simțeam un nod în gât, nu puteam nici să mă rog, nu vedeam nicio soluție. De multe ori mă împrumutam, dar acum îmi făcusem socotelile și aveam destule datorii, nu aveam cum să-i returnez. Trebuia să fiu înțeleaptă!

M-a apucat disperarea, am început să plâng și m-am băgat în pat, m-am acoperit cu pătura și nu doream să vină careva să mă întrebe de mâncare. Credeam că Dumnezeu nu se uită la mine și nu-i pasă de ceea ce mi se întâmpla.

Obosită, am adormit. O voce blândă îmi vorbea în şoaptă şi îmi spunea să mă ridic din pat, să merg în bucătărie şi să caut în congelator, unde voi găsi o punguţă de oase de la piepturi de pui, păstrate pentru supă, şi apoi mi-a sugerat uşor, să fac un pilaf cu un mic rest de orez şi două pâini cu puţină făină, cărora nici nu le dădusem atenţie la început.

M-am ridicat din pat foarte liniştită şi sigură de „vocea" care mi-a vorbit ca un Tată, calm, cu multă milă şi dragoste. Am intrat în bucătărie. Acea Voce nu m-a speriat deloc, parcă o cunoşteam dintotdeauna, mi-a dat siguranţă şi m-am mirat ca nu am stat pe gânduri deloc.

Am plecat imediat şi hotărâtă la cămară şi la frigider. Fără nicio ezitare am scos punga de oase de care o uitasem complet. Am făcut un pilaf cu puţinul orez pe care-l aveam. Ajungea pentru o masă şi chiar a ieşit delicios! Când ai ce pune pe masă, totul pare minunat! Când să iau punga de făină, am constatat că este mai puţin de jumătate de kg, iar drojdia, ce să mai zic? Era mai puţin de 25 g şi nici aceea prea proaspătă. Repetam în mintea mea, complet mirată de instrucţiunile primite de la acea Voce blândă: „Cum să iasă două pâini? Cum e posibil din aceste ingrediente să iasă două pâini? O, Doamne!"

Dar pentru că am ales să ascult Vocea, am acţionat făcând exact aşa cum auzisem. Mă gândeam totuşi că mai înţelept ar fi fost să pun aluatul într-o tavă mică de chec, nu în două, ca să fiu mai sigură, dar am pus în două tăvi mici şi ce credeţi? Domnul a făcut ca aluatul să crească şi a umplut cele două tăvi. Au ieşit chiar două pâini foarte bine crescute, nemaipomenit!

Abia atunci, parcă, m-am trezit din buimăceală, mi-am ridicat glasul spre Dumnezeu şi i-am mulţumit pentru ajutorul Său nepreţuit, pentru mine, o mamă deznădăjduită! Domnul mi-a vorbit! Mi-a spus ce să fac, după ce am adormit! Ştia că am nevoie de călăuzirea Sa!

Mereu mă bazez pe Cuvântul Lui care s-a împlinit în situaţia mea: „Eu, zice Domnul, te voi învăţa şi-ţi voi arăta calea pe care trebuie s-o urmezi, te voi sfătui şi voi avea privirea îndreptată asupra ta." (Psalmul 32:8)

A fost uluitor să experimentez aşa ceva! M-a lăsat să ajung până în punctul în care să mă agăţ de El şi numai de El. Ne surprinde cu Vocea Sa doar atunci când nu mai vedem nimic bun în jurul nostru şi... când simţim că ne fuge pământul de sub picioare, El ne ajută şi ne trage înspre sus, înspre biruinţă. A doua zi, am primit un telefon de la o doamnă care mă ruga să o ajut la treburile gospodăriei pe o perioadă nedeterminată, contra cost, după serviciul meu.

După ce am depăşit situaţia de criză, am primit de lucru îndoit să pot să-mi întreţin familia prin muncă cinstită şi cu demnitate.

Mulţumesc!

La nuntă

„Facă-vi-se după credinţa voastră!"

Daniela este o colegă de la şcoala specială unde lucrez. Ea m-a anunţat că în 21 mai 2011 se va oficia căsătoria sa cu un tânăr pe nume Vali, din Focşani.

Inima mea s-a aprins. Simţeam că trebuie să fac ceva. Simţeam că voi avea un rol important în viaţa ei prin acest eveniment unic. Nu-mi dădeam bine seama ce ar trebui să fac.

Am aşteptat, aproape că nici nu m-am mai gândit la eveniment.

Dar, la un moment dat, mi-a apărut un gând: „Ai un dar, trebuie să-l foloseşti". Ce să fac, Doamne? Cum o pot sluji eu pe Daniela şi pe Tine? Unul din darurile mele este acela de a spune poezii. „Foarte bine, Doamne! Va trebuie să caut o poezie despre căsătorie!" Dar unde să o caut? În casă nu aveam nicio carte, calculator nu aveam. Ce să fac?

Într-o zi am fost la prietena mea Dorina. Vorbeam în sufragerie şi, deodată, ridicând-mă de pe fotoliu, am mers spre biblioteca ei. Acolo mi-a atras atenţia o carte de poezii, unde acestea erau publicate pe anumite teme. Am găsit şi tema: Căsătoria. Am frunzărit paginile şi am văzut-o! Poezia care mi-a atras atenţia în mod deosebit se numea: „Cele mai bune materiale!" Am cerut o foaie de hârtie şi am copiat-o. A durat destul de mult, dar am fost lăsată în linişte să-mi fac treaba. Am plecat fericită că am găsit ce căutam şi voi merge la Biserică şi le voi citi această descoperire.

Dar nu s-a terminat aici! La un moment dat, Dumnezeu mi-a dat o idee, care nu m-a lăsat în pace până nu am transpus-o în practică. El mi-a pus pe inimă să vorbesc cu un cor de tineri dintr-o altă biserică din Galaţi, ca să facem Danielei şi lui Vali o surpriză. Să cântăm după slujba religioasă, la restaurantul unde avea loc întâlnirea mesenilor care au onorat invitaţia mirilor.

Am început să organizez totul în mintea mea şi pe hârtie. Aveam un scop. Îmi trebuia un plan. M-am dus la restaurant, am cerut să vorbesc cu patronul şi l-am rugat să mă asculte. El a fost de acord să ne dea voie să intrăm pe la bucătărie şi să le facem această surpriză celor doi.

Am vorbit şi cu dirijoarea grupului de tineri, care imediat a fost de acord să facă cele necesare acestui moment şi, în ziua de 21 mai 2011, mi-am pus planul în aplicare.

Învăţasem că voia lui Dumnezeu se compune neîncetat din toate trăirile noastre sub forma unui puzzle. El ne vorbeşte clar în orice timp şi în oricare fel, efectiv prin tot ce întâmpinăm: prin evenimente, prin situaţii, prin oameni, plante, animale etc.

Ştiam că aceasta era „o lucrare mai dinainte pregătită de Domnul", pentru cei doi miri, iar eu fusesem aleasă pentru a sluji. Aveam o putere în mine care nu m-a părăsit până la capătul zilei şi multă voinţă.

În ziua de 21 mai am mers la biserică şi i-am aşteptat într-o sală mare, frumos împodobită, pe cei doi miri. Aveam emoţii! La un moment dat, pe un fond muzical minunat, a intrat colega mea îmbrăcată în rochie de mireasă însoţită de fratele ei. Am avut o reacţie emoţională foarte puternică. Am fost fascinată. Era înaltă, slabă, avea nişte ochi albaştri superbi, era total alta decât la şcoală. Era specială, era o PRINŢESĂ! Am urcat câteva trepte crezând că voi cădea de emoţie. Îmi tremura tot corpul. Am început să recit la microfon poezia:

Cele mai frumoase materiale

Am auzit că vreţi să vă zidiţi o casă!
Doriţi să fie una bună şi frumoasă?
Nu folosiţi orice găsiţi în cale
Luaţi cele mai bune materiale!
Puneţi la temelie credinţa cea tare,
Nu nisipurile slavei omeneşti, mişcătoare!
Furtunile lovesc tot ce se poate lovi,
Dar Stânca cea Tare, Isus, vă poate ocroti!
Nu vă luaţi după modelele pământului!
Mai bine alegeţi oferta „Cuvântului",
Cărămizile faptelor arse bine
În cuptorul iubirii divine!
Puneţi dragoste de aproapele
Între o cărămidă şi altele!
Aceasta e cea mai bună reţetă de mortar:
Dragostea amestecată cu Har!
Vă trebuie şi var, mai alb şi frumos:
E curăţenia morală reflectată de Hristos!
Şi... dacă e lavabil e şi mai minunat,
Pentru ca sângele Lui să vă spele de orice păcat!
Uneori e nevoie şi de cuie ascuţite,

Altfel, scândurile nu pot sta una de alta lipite...
Pentru legarea laolaltă a binecuvântărilor
Aveți nevoie, deci, și de cuiele încercărilor!
Alege-ți dușumeaua cea mai tare,
Pentru ca să aveți ceva sigur sub picioare!
Adunați din Biblie verset cu verset
Și veți avea cel mai frumos parchet!
Deasupra puneți covoare colorate
Făcute din cuvinte curate – bucurii!
Pentru ca și oaspeții voștri să găsească o oază de iubire cerească,
Și aveți nevoie ca ușile și ferestrele să fie încuiate
Mai ales cele din spate!
Fiecare să aibă câte o bună încuietoare făcută din supunere și ascultare!
Știți că vrăjmașul oricând poate să năvălească și să vă jefuiască!
De aceea, până veți avea casa voastră în cer, puneți la exterior obloane și gratii de fier.
Chemați-L apoi pe Meșterul din cer, pentru a avea lumină în orice ungher.
El știe să pună în inimă și-n gând,
Curentul electric al Duhului Sfânt.
Într-o lume mereu în schimbare
Nu puteți rămâne fără comunicare!
Pentru că... zilnic... vor veni și foc și ape,
Telefonul rugăciunii să vă fie aproape!
Deci, dacă vreți să aveți o casă,
Ea poate fi și trainică și frumoasă,
Depinde de voi să nu folosiți tot ce găsiți în cale!
Alegeți CEREȘTI MATERIALE!

După cununia religioasă, s-a mers în grup la restaurant. Acolo urma surpriza! La ora stabilită au venit și coriștii și, așa cum am plănuit cu patronul, au intrat prin bucătărie, spre sala mare a nunții.

Eram atenți să nu deranjăm treburile bucătarilor în alb, care se uitau uimiți cum treceam, unul câte unul, printre aragazele lor.

Și iată! Am intrat cu toții în restaurant, ne-am așezat unul lângă altul și am vorbit la microfon, anunțând tuturor surpriza. Am cântat câteva cântece frumoase, care au mers la inima celor doi și a mesenilor. Apoi, cu urările de rigoare, ne-am retras și am plecat de la nuntă.

Dimineața, mirii au mers în luna de miere. Nu am mai vorbit cu ei.

Apoi, într-o zi am primit un telefon, o invitație de la tinerii căsătoriți de a ne întâlni în oraș, la o cofetărie.

Timizi, am intrat în cofetărie și am comandat ceva. Apoi Vali mi-a mulțumit pentru contribuția mea la nunta și a mărturisit că a avut o dorință înainte de cununie, un fel de „visare cu ochii deschiși." El și-a închipuit cum ar fi dacă la nunta sa ar veni un cor „ca de îngeri". A fost doar un gând.

Și Domnul i-a îndeplinit dorința. El spunea că nu și-a imaginat vreodată că la nunta sa cu prea frumoasa lui iubită, va avea chiar un cor care să cânte așa frumos, cristalin și minunat!

Ne-am adus aminte împreună că în Psalmul 139:1-5 este scris:

„Doamne, Tu mă cercetezi de aproape și mă cunoști,

Ştii când stau jos şi când mă scol, şi de departe, îmi pătrunzi gândul.
Ştii când umblu şi când mă culc şi îmi cunoşti toate căile mele.
Căci nu-mi ajunge cuvântul pe limbă şi Tu Doamne îl şi cunoşti în totul
Tu mă înconjori pe dinapoi şi pe dinainte şi-Ţi pui mâna peste mine."

Dumnezeu împlineşte cele mai tainice dorinţe ale omului şi ştie cel mai bine ce avem nevoie!

Obiecte pierdute

Cei mai mulţi dintre noi îşi mai pierd sau îşi uită propriile obiecte. Mie mi s-a întâmplat de multe ori să uit lucrurile pe unde treceam.

Pe 2 Mai 2012, ora 14, am intrat într-un magazin şi am probat un articol de îmbrăcăminte. Când m-am întors acasă, am constatat că nu am telefonul. Era legătura mea cu exteriorul. Într-o singurătate prelungită, un telefon te ţine cuplată cu societatea. Am avut o emoţie puternică de frică. Telefonul meu drag!

O, Tată, ce mă fac acum? Am respirat adânc, anxietatea era deja prezentă, era o pierdere importantă şi m-am întors pe firul traseului, trecând prin magazinele pe unde intrasem.

Mintea nu mă ajuta deloc. Mergeam, întrebam şi mă rugam. În telefon se afla toată lumea mea. Nu l-am găsit!

Unde este greşeala? Am fost la Orange şi am stabilit ca a doua zi să mă reîntorc pentru a-mi lua un telefon nou şi o cartelă nouă, dar care mi-ar fi depăşit bugetul zilnic. Erau 32 de grade afară. Am mers mult, m-am istovit şi am ajuns acasă dezamăgită.

Am privit în sus şi am contat pe Domnul meu.

A doua zi, la ora 8, am intrat în cancelaria şcolii la care predam. Acolo se afla o bună prietenă şi colegă a mea, Carmen.

Carmen s-a uitat la mine şi m-a întrebat direct: „Unde este telefonul tău?" Am rămas încremenită. „De unde ştii tu de telefonul meu? L-am pierdut!"

„Te duci după ore la magazinul X şi-ţi iei telefonul! Doamna de acolo m-a sunat pe mine şi m-a anunţat!"

Cum adică? Din sutele de numere de telefon, tocmai pe ea a sunat-o? Incredibil! Mi se părea o poveste. Mi-am dat seama pe loc că Dumnezeu fusese în control şi a inspirat-o pe vânzătoare să-o sune chiar pe colega mea.

Cred cu tărie că aceasta a fost „o lucrare mai dinainte pregătită de Dumnezeu" ca să-mi arate puterea şi purtarea Lui de grijă zi de zi, în cele mai mici lucruri.

„Toate sunt cu putinţă celui ce crede!" (Marcu 9:23)

Cine sunt eu?

O prietenă tânără din Galați a trecut printr-o experiență frumoasă, care m-a uimit și m-a făcut încă o dată să cred că există Dumnezeu și că El răspunde rugăciunilor celor care se abandonează în mâna Sa.

Eram la Inspectoratul Școlar din Galați și am întâlnit-o pe scări. Am întrebat-o ce face acolo și ea mi-a spus că susține un examen pentru ocuparea unui post vacant chiar în Inspectorat. M-am bucurat pentru ea, dar știa din surse sigure că „postul era deja ocupat de cineva care avea cunoștințe acolo".

Te întrebi ce rost mai are să treci prin emoțiile unui examen și ale unui interviu dur, dacă știi că postul este „ocupat"? Te întrebi cu siguranță dacă mai sunt șanse pentru cineva care nu are „pile"?

În Evrei 11:6 este scris: „Și fără credință este cu neputință să fim plăcuți Lui." Creștinii învață următorul principiu: „Facă-se după credința ta!" Ea și soțul ei îl cunoșteau pe Domnul și, împreună, s-au rugat și au primit pace și încredințare în inimile lor că trebuie să se ducă la examen, în ciuda informației despre post.

Tânăra era calmă, mai avea de dat proba scrisă și interviul pentru angajare. Am lăsat-o și mi-am depus și eu dosarul. Nu uit nici acum, că la despărțire, ea a adăugat: „Cine sunt eu să-L limitez pe Domnul?"

Duminică am văzut-o în primele rânduri la Biserică.

Normal, m-am dus şi am întrebat-o ce s-a întâmplat, ce rezultat a obţinut.

Ea mi-a răspuns simplu şi cu modestie: Am luat postul! O minune! Dumnezeu şi-a făcut lucrarea în viaţa ei!

Ce s-ar fi întâmplat dacă nu ar fi mers la examen? Cum acţionează Domnul? Răspunde la rugăciuni prin pace şi încredinţare interioară, apoi intervine făcându-şi partea Lui, astfel se formează o echipă puternică, omul şi Dumnezeu.

M-a inspirat mult această minune, fiindcă ştiu mulţi cum se obţin locurile de muncă! Este scris în Scriptură: „Nu vă îngrijoraţi de nimic, ci în orice lucru, aduceţi cererile voastre la cunoştinţa lui Dumnezeu, prin rugăciuni şi cereri, cu mulţumiri. Şi pacea lui Dumnezeu, care întrece orice pricepere, vă va păzi inima şi gândurile în Hristos Isus." (Filipeni 4:6-7)

A venit căldura!

La începutul iernii lui 2008, m-am întâlnit cu o doamnă pe nume Renata şi am vorbit despre încălzirea la bloc, despre costuri, despre întreţinerea unui apartament şi altele.

Soţul Renatei era plecat într-o cursă pe Dunăre şi ea suferea de frig, deoarece în apartamentul ei nu ajungea agentul termic în calorifere. Era înfrigurată şi nu ştia cum să rezolve situaţia.

Am simțit în interiorul meu că problema era gravă după tonul vocii și după tristețea de pe chipul ei. A încheiat spunând că nu crede că are vreo șansă să afle ce este cu caloriferele până nu vine bărbatul ei. M-a afectat pentru că știam din plin ce este frigul și cum e când nu ai căldură. Am început să mă rog ca Dumnezeu să intervină cumva. Mi-a fost milă de ea și am continuat rugăciunea zilnic. În decembrie, soțul Renatei s-a întors, iar eu am plecat la mama mea, la Măcin, două săptămâni pierzând din vedere că a venit căldura și că rugăciunea a fost ascultată.

După două luni, în februarie 2009, ne-am întâlnit la o familie cu șapte copiii, în vizită. O familie cu multe probleme.

La un moment dat, Renata m-a tras deoparte și mi-a spus că, imediat după ce mi-a împărtășit problema ei, a sunat la ușa apartamentului președintele blocului. Acesta nu putea dormi liniștit, fiindcă el știa că la ultimul etaj nu ajungea căldura. El știa, Domnul știa! Deci, a venit singur la ușă, a intrat, a făcut aerisirea caloriferelor și ce mai era necesar și astfel, până la venirea soțului, această femeie a primit căldură.

„Și orice veți cere în Numele Meu, voi face, pentru ca Tatăl să fie preamărit în Fiul. Dacă veți cere ceva în Numele Meu voi face." (Ioan 14:13-14)

Piatră de foc

Într-o toamnă frumoasă, o prietenă m-a îndemnat să merg într-un centru nou, deschis în Galați, unde se făcea tratament gratuit pentru probleme de sănătate. S-a gândit la mine având în vedere suferințele datorate coloanei mele tasate și subluxate.

Știa că fusesem internată la neurochirurgie și mi s-a făcut în coloană o injecție cu o substanță de contrast, care m-a făcut să leșin și să cad pe podea. Acea înjecție a fost ca o lovitură de ciocan în cap. Medicii încercau să afle dacă să mă opereze sau nu.

S-a dovedit atunci că nu aveam nevoie de operație, dar am resimțit consecințele injecției mult timp în corpul meu. Eram dispusă să fac orice pentru a-mi alina durerile.

Și am luat informația ca de la Dumnezeu și m-am dus la acel centru. Când am intrat acolo, am văzut multe paturi, pe care oamenii stăteau întinși jumătate de oră, iar sub fiecare individ era un aparat cu pietre de jad și lumină infraroșie, care era mutat în toate zonele spatelui, la o temperatură de 60 de grade.

Când mi-a venit rândul să mă așez pe aparat, nu am putut. Coloana mea era atât de curbată, încât mă durea îngrozitor spatele, când stăteam pe acel aparat. Nu puteam să-mi îndrept picioarele, iar capul trebuia să-l așez pe ceva înalt. Poziția culcat perfect era imposibilă pentru mine.

Am venit gratuit la acest centru și am făcut aceste ședințe de îndreptare a coloanei timp de doi ani, lungi și obositori, parcă aveam un al doilea job, dar eram perseverentă și hotărâtă.

Îmi dădeam seama că dacă aș putea să cumpăr acel aparat atât de performant, l-aș ține zilnic atât pe coloană, cât și pe fața afectată de nevralgii. Plângeam mereu pe aparat, mă durea, dar veneam zilnic. După multe ședințe am simțit cumva o ușurare în picioare, o mai bună mobilitate, dar nu era suficient ce făceam la acest centru. Aparatul își făcea efectul treptat. Căldura lui (infraroșiile) îmi relaxau coloana. După sute de ședințe, am reușit să stau dreaptă pe pat. Mi-l doream așa de tare, dar costa foarte mult. Nici prin cap nu-mi trecea să am banii să-l pot cumpăra.

Și, într-o zi, s-a întâmplat minunea. După doi ani de zile de stat la rând, prin ploaie, vânt, arșiță sau ger, am reușit să-l iau acasă. Este lângă mine mereu. Îmi încălzesc când am crize fața, îmi încălzesc spatele, iar asta mă ajută mult.

Nu mai am dureri cervicale de mult, spatele meu este drept, dar am grijă căci trebuie protejat în diferite moduri.

Am reușit să fac treptat exerciții pentru întărirea abdomenului, infiltrații fac foarte rar, iarna. Starea spatelui meu s-a ameliorat considerabil. Voi plăti rate ani de zile, dar prefer să fac economie la sânge și să fiu aptă de muncă.

Mulțumesc!

O şcoală specială!

De la vârsta de 20 de ani am ocupat un post de învăţător primar la diverse şcoli generale din Galaţi. Am fost un învăţător normal, fără mari grade, cursuri şi merite speciale. Dar, pe unde am fost numită, mi-am făcut profesia cu seriozitate, multă muncă şi extrem de mult stres.

După 31 de ani de învăţământ normal, ceva s-a întâmplat în domeniul profesional şi aş vrea să împărtăşesc cu voi această etapă a vieţii mele, ca să aveţi o privire de ansamblu a ceea ce a urmat şi prin ce mai trebuia să trec.

Am fost pe lista celor restrânşi din activitate şi mi-am depus un dosar cu care trebuia să particip la Inspectoratul Şcolar Judeţean, într-o şedinţă publică în vederea repartizării mele la altă şcoală, conform unui punctaj dobândit pe anumite criterii.

Dacă am fost aşa bolnavă nu îmi dădusem toate gradele, nu făcusem activităţi extraordinare şi nu aveam un punctaj mare. Pentru 0,50 puncte am pierdut în anul 2006 toate locurile disponibile în învăţământul primar. Singura soluţie a fost să iau un post de titular la o şcoală specială.

Dar, vai, habar nu aveam ce înseamnă aşa ceva. Nu văzusem niciodată o şcoală specială, nu învăţasem despre copii speciali, la Liceul Pedagogic nu ne predase nimeni nimic în acest domeniu. Peşteră! Întuneric! Frământări! Acasă nu mergeau lifturile, vecinii dădeau boxele la maximum, aveam datorii la bănci, multe probleme!

Cum să mă descurc eu, după 31 de ani în care știam exact ce am de făcut cu copiii normali, într-un loc inexistent în mintea mea și cu oameni cu nevoi speciale? Eu eram plină de handicapuri. Ce să caut acolo, în lumea handicapurilor de tot felul?

Apăreau mai multe provocări și schimbări dure. Eram singură. Nu mă aștepta nimeni acasă. Nu aveam prieteni, familie, doar... pe Cineva. Dar întrebam mereu: „Ce mă fac, Doamne? Cum merg mai departe?" Și mă rugam și tremuram la gândul schimbării apărute.

În 17 septembrie 2007, am mers pentru prima dată într-o școală specială, m-am prezentat la post, am primit o clasă a II-a și aventura mea profesională a început!

Totul era diferit. Am trecut de la citire, matematică, geografie, istorie, muzică, desen etc. la ludoterapie, formarea autonomiei personale, socializare, terapie ocupațională, plan de intervenție personalizată. „Doamne, unde am ajuns? Ce fac, Tată? Ce fac, Doamne, cu viața mea?" Ultima întrebare mi-o puneam de câteva ori pe zi.

Simțeam că merg tot mai în jos și eram titulară aici, în acest loc nou, un loc tulburător și uimitor. Știți de ce? Fiindcă nu văzusem atâția oameni speciali, cu probleme psihice și fizice, adunați laolaltă. Nu știam nimic. Nu aveam cursuri, experiență, nimic. De abia mă mutasem în garsoniera unde locuiesc și acum, cu probleme la bloc, iar acum treceam printr-o altă mutare, la această școală specială. Mă simțeam ca David când locuia în peșteră.

Sunt nenorocită, scapă-mă Doamne! Cârja care mi-a fost retrasă de Domnul era locul meu de muncă. Acum pierdusem lumea mea, unde eram pregătită, şi veneam într-o lume total diferită.

Divorţul de soţul meu, după o căsătorie de 17 ani, şi pierderea titulaturii într-o şcoală normală au însemnat pe lângă pierderea sănătăţii, eşecuri negândite niciodată. Pentru mine familia era cea mai importantă şi mai stabilă stare în care puteam funcţiona. Tot ce-am sperat a fost învăluit în fum. Să mergem înainte! Să intrăm într-o lume complet diferită.

În primul an am avut o clasă formată din şase copii speciali. Personajul principal era un băieţel cu sindromul Down, care avea coeficientul de inteligenţă 3,5, ceea ce însemna că la vârsta lui de vreo opt ani el era dezvoltat ca un copil de doi ani. Avea o faţă specifică, limba era mai mult pe afară, acum te pupa, acum te scuipa, avea un comportament imprevizibil, fugea din clasă, la masă, arunca apă în ciorba copiilor, dărâma băncile, iar forţa lui era uriaşă. Nu stătea într-un loc niciun minut, în clasă era dezordine, ce vorbim aici de lecţii, de a preda, de a face ceva creativ, de a construi ceva ca învăţător?

O altă elevă nu vorbea deloc. Nu cunoşteau literele, nu puteau cânta, nu puteau face multe lucruri. Aveam şi un băiat de etnie rromă, surd, care nu vorbea bine, se ridica din bancă şi începea să-mi danseze dansuri ţigăneşti! Doamne, mă mai auzi? Eram şocată, speriată şi uimită, patru ore treceau exagerat de greu, era foarte mult stres. Nu aveam ce face cu ei, decât să lipim bucăţele de hârtie, să colorăm şi atât! Uneori se supărau şi urlau continuu.

Am avut doi frați care nu doreau să facă nimic, își băgau capul în bancă și stăteau patru ore degeaba. Apoi, am avut copii care miroseau îngrozitor, am avut puțini copii cu care am rezolvat ceva. Nu știu dacă numărul lor a ajuns în cinci ani egal cu cel al degetelor de la o mână. Multă frustrare! Și totuși mă rugam pentru ei! Dar împrumutam din modul lor de a se comporta. Îi vedeam mereu în fața ochilor. Nu știam cum să plec mai repede de acolo.

Și totuși mă rugam și Domnul m-a șlefuit pe mine, încercându-mi răbdarea, tenacitatea, forța interioară. Încă fac comparație cu școlile normale, încă nu mă simt în largul meu, încă mă rog ca Domnul să mă elibereze! Dar doar dacă este voia Lui!

M-am agățat mereu de rugăciune, m-am agățat prin credință de versetul din Scriptură: „Toate lucrurile lucrează împreună spre binele celor ce iubesc pe Dumnezeu, și anume, spre binele celor ce sunt chemați după planul său." (Romani 8:28)

M-am întrebat mereu de ce a permis Dumnezeu ca o învățătoare să treacă de colo colo, acum mă gândesc că am învățat lecții de viață și caracter, pe care nu mulți le pot învăța. Poate a fost zdrobirea eului, poate a fost exersarea unei iubiri dumnezeiești necondiționate, poate a fost exersată îndelung înfrânarea și răbdarea, poate așa m-am apropiat mai mult de Domnul.

Poate că așa își alcătuiește Dumnezeu planul! Poate că voi n-ați fi cunoscut niciodată că există locuri în care oamenii trăiesc în întuneric, dar știu să ofere afecțiune, poate că noi, cei normali, considerăm că totul ni se cuvine, când alții nu au nimic, poate că în slăbiciuni,

Dumnezeu intervine ca noi să nu ne mândrim şi să-L lăsăm pe El la lucru. Aşa a fost planul Lui şi nimeni nu a putut schimba planul acesta!

Când mă îndreptam spre şcoală strigam la fel ca David: „Ai milă de mine, Dumnezeule, ai milă de mine! Căci în Tine mi se încrede sufletul, la umbra aripilor Tale caut un loc de scăpare, până vor trece nenorocirile."

Strigi spre Dumnezeu când eşti lovit, părăsit, fără soluţie, umilit, când eşti nesigur, anxios, fără pregătire, când eşti în inferioritate şi disperat. Atunci eşti una cu Domnul! Atunci ai nevoie de El!

Poţi îndura, poţi trece prin provocări, poţi suferi cât vrei, cum vrei şi după mintea ta, poţi lua deciziile tale, te poţi conduce după instincte sau inteligenţă, dar, când toate relele se adună, strigi!

Şi ştii ce se întâmplă când strigi la Dumnezeu de durere? Ştii ce?

În Psalmul 34:6 este scris: „Când strigă un nenorocit, Domnul îl aude şi-l scapă din toate necazurile lui." Mereu mă gândesc la acest psalm.

El aude un nenorocit de pe Pământ! El aude! Bun, mulţi ştim şi trecem mai departe! Mulţi auzim despre nevoie în jurul nostru şi trecem mai departe.

Dar şi Dumnezeu aude. Şi El acţionează! Cum? Îl scapă pe nenorocit din TOATE necazurile lui!

Da, este adevărat! Rând pe rând, unul câte unul, sunt zdrobite lanţurile robiei!

Lumea actuală este „poleită" şi nu prea ştim să strigăm după ajutor. Ce faci tu, concret, când suferi?

Chiar! Către cine te îndrepți când se clatină temelia vieții tale? Sau când ești într-o situație penibilă, poate chiar rușinoasă? Tocmai ai descoperit că unul dintre cei dragi este homosexual. La cine te duci? Colegul tău îți spune că și-a părăsit nevasta! Soțul tău tocmai ți-a dat să semnezi actele de divorț, amenințându-te! Copilul tău s-a îmbolnăvit de o boală gravă. Ce faci?

Încotro te îndrepți când ți se fură banii sau ești mutat într-un loc de muncă nepotrivit sau ai auzit că a murit cineva drag? Ai nevoie de un refugiu. Ai nevoie de Cineva care să te asculte! Eu nu am găsit prea multe urechi dispuse să mă asculte, prin hățișurile vieții mele, în ultimii opt ani. De când sunt singură, nu prea am dormit din cauza zgomotelor puternice din jurul meu. Simți că te lasă puterile, n-ai motivații, nu poți să te ridici, nu ai soluții.

Mi-a fost rușine să spun că lucrez la o școală specială. Acum m-am obișnuit și nu mă mai tem de părerea oamenilor. Am văzut și aici mâna Domnului la lucru. M-a trecut an de an prin suferință, dar m-a trecut! Am deja cinci ani încheiați aici. Copiii vin în jurul meu și sunt „cloșca cu puii de aur". Aici dăruiești, aici exersezi dragostea, răbdarea, facerea de bine, credința, înfrânarea și îndelunga răbdare. Aici ai posibilitatea să te desăvârșești.

Aici, printre copiii speciali, poți să zâmbești printre lacrimi, slujind unui Mântuitor care a făcut la fel! Aici îți faci misiunea cu care ai fost învestit! Ori reziști, ori pleci! Cred că și aici Domnul a făcut lumină!

În 2013 sunt încă aici, la Școala Specială, fiindcă am decis conștient să mai stau un an, pentru că acum vreau și cred că pot! Acum am un colectiv de micuți, toți băieți, cu care mă pot înțelege frumos. I-am educat din clasa I și sunt rodul muncii mele. Acum mi-am învățat lecția. Ca oameni, putem întotdeauna să ne adaptăm!

Vedeam lucruri grozave uneori între copiii din școli, bătăi, înjurături, și mergeam acasă plângând. Cine știe care este statutul de cadru didactic? Câteodată îmi vine ideea în minte că fac voluntariat la stat. Salariile nu ajung nici pentru cele mai elementare nevoi.

De câteva ori am fost nedreptățită la Școala Specială și am suferit atacuri la persoană, dar eu știu că: „Răzbunarea este a Mea, Eu voi răsplăti", zice Domnul.

Am văzut multe răsplătiri ale celor care m-au jignit sau nedreptățit. Și am trecut peste toate momentele grele, fiindcă cred cu tărie ce este scris: „Pot totul în Hristos care mă întărește!" (Filipeni 4:13)

Și merg mai departe!

Înștiințări și apariții supranaturale

De douăzeci de ani eram bolnavă de tot felul de boli. Mă aflam singură în casă. Durerile și neputința de a sta pe picioare mă țineau în pat. La un moment dat, în timp ce mă rugam și îmi vărsam inima la Domnul Dumnezeul meu, o voce puternică mi-a vorbit, spunând clar: „TE VOI VINDECA!" Acest lucru se întâmpla prin anul 2005.

Eliberarea din ghearele bolii şi ale întunericului mental a fost una progresivă, care s-a întins pe mai mulţi ani.

În anul 2008, eram anchilozată în pat, într-o criză de lombosciatică ce se declanşa la presiune atmosferică scăzută şi mai ales atunci când ningea.

De atunci, am crezut şi am proclamat mereu: „Sunt vindecată, sunt sănătoasă!" Multe dintre suferinţe au dispărut pe parcursul vremii.

Mereu am rămas cu convingerea neclintită că sunt înfăşurată în lumina Lui şi ea va creşte neîncetat. Şi aşa a fost! Uneori El ne vorbeşte personal şi specific!

Glasul lui Dumnezeu acţionează emoţionant şi entuziasmant, este plin de lumină şi de putere, atrăgător şi înviorător, pur şi simplu convingător. Aşa recunoaştem cu simplitate vocea lui Dumnezeu. O primim ori ca o indicaţie blândă, ori ca o mustrare. În orice fel ar veni, ea apare atunci când omul are cea mai mare nevoie de direcţii precise şi clare.

De-a lungul următorilor ani s-a adeverit că lumina din jurul meu creştea tot mai mult. Vedeam cum Dumnezeu îndepărtează vecinii răi, care m-au agresat şi chiar lovit, vedeam cum cei care nu mă plăceau ieşeau din viaţa mea, că ordinea şi disciplina se instaurau în blocul meu, că memoria se îmbunătăţea, că făceam lucruri la care nu mă gândisem când eram la pământ, că ajutam copiii săraci lucrând în proiecte şcolare în acest scop, că inima şi viaţa mea se transformau neîncetat!

Fostul meu soţ trăia singur, eu trăiam singură, şi mulţi se gândeau că poate am mai putea să ne împăcăm. Deseori auzeam aceste semnale în jurul meu. Mă gândeam şi eu pentru că gândurile altora intraseră în mintea mea. Căutam motive pentru care ar fi fost posibilă o astfel de împăcare. Mă frământam, dar cred că eu ştiam în interiorul meu că nu se poate. Însă ceilalţi îmi sugerau să mă împac, să îmi reunesc familia.

Mă rugam să ştiu care ar fi părerea Lui.

Într-o noapte am avut un vis pe care, peste ceva vreme, am putut cu adevărat să-l înţeleg.

Băteam la uşa apartamentului soţului meu. Uşa s-a deschis şi în cadrul ei a apărut chiar el. Eu i-am spus:

„– Am venit la tine!"
El a răspuns:
„– Ai venit... prea târziu!"
Şi din spatele lui, a apărut un cap de femeie.

Apoi m-am trezit, tulburată. Eu nu visez în general. Dorm fără să visez. Dar, când am avut visul acesta, am ştiut că mi s-a transmis ceva, cu claritate. L-am uitat, desigur, după o zi, dar, peste câtva timp, fostul meu soţ a venit cu verigheta pe mână să mă ajute să repar ceva în casă. Când i-am văzut verigheta pe deget, am simţit ca un cuţit în inimă şi am ştiut că ceva se întâmplase.

Mi-am adus aminte şi de visul descris mai sus şi l-am întrebat de ce poartă verigheta. Atunci am aflat că el se va căsători cu altă femeie. Şi am ştiut că Domnul mă avertizase că nu se mai poate face nimic în relaţia aceasta. Ea se consumase, cu frumuseţea şi greşelile ei, şi trebuia să-mi continui drumul meu. Avem nevoie de certitudini, nu ne place să orbecăim, dar ştim că avem pe Cineva care ne poate vorbi personal şi ne poate călăuzi!

Când m-am mutat în actuala garsonieră, acum opt ani, în 8 iulie 2006, trecusem deja în viața mea din Galați prin apartamente cu trei camere, apoi de două camere, apoi de patru camere, apoi de trei camere, apoi de două și acum era doar o cameră, o garsonieră.

Nu înțelegeam nici de ce, nici cum, nici pentru ce ajunsesem aici, la ultimul etaj, unde vara este cuptor și iarna congelator. Nu mergeau de doi ani lifturile, fusesem minţită că sunt doar în revizie și m-am trezit că trebuie să urc zilnic și de două-trei ori scările, șapte etaje, cu tot reumatismul și limitările mele fizice.

Am început să plâng și mă întrebam cum o mai scot la capăt și în această situație. Cum am să fac față zgomotului de pe dousprezece benzi de circulație? Alesesem rapid și pe loc un bloc așezat într-o intersecție imensă din Galați. Îmi era rușine de mine, față de Dumnezeu, față de ceilalți. Poate că nu am avut timp să mai gândesc, poate că nu am fost suficient de perspicace să văd toate defectele zonei și ale locuinței.

Când deschideam ferestrele, toate mașinile din lume îmi claxonau în urechi. Greșisem, cu siguranță. Zona era centrală, o zonă cautată, dar era extrem de aglomerată. Alături se găsea o școală de unde veneau sute de glasuri de copii și un restaurant. M-am gândit că am intrat singură într-un iad, deși tocmai ieșisem din unul.

Într-o duminică seară m-am dus la biserică. Eram abătută, eram tristă, nu aveam pace în inima și în minte. La etajul unu al bisericii există o cameră pentru mame și copii, unde cei mici sunt supravegheați pentru a nu face gălăgie în timpul predicii. Am intrat acolo. Era liniște în biserică. Oamenii încă nu sosiseră. Am luat loc pe o canapea. Plângeam. Eram derutată de alegerea casei mele. Eu o luasem, eu o alesesem, nu aveam alta, era a mea. Atunci am strigat la Dumnezeu cu lacrimi mari pe obraz și l-am rugat să-mi spună prin *Biblie* ceva pentru situația mea, să-mi vorbească cumva. A fost deznădejdea mea cuplată cu Maiestatea Lui. Și am deschis la Ieremia 10 și am înțeles că voi avea o misiune în suferință și ascultare, în acest bloc. Nu vedeam un pas mai departe, dar în opt ani de zile lucrurile s-au schimbat mult aici, în blocul meu.

În seara aceea, când o nenorocită a strigat către Dumnezeu, El a auzit și s-a arătat: „Iată, astăzi, te pun peste neamuri și peste împărății, ca să smulgi și să tai, să dărâmi și să nimicești, să zidești și să sădești". Aceasta îi spusese Domnul lui Ieremia, când îl înștiințase pe acesta că îl va face proorocul neamurilor. Aceasta îmi vorbise mie Domnul! Am închis cartea, am început să plâng, fiindcă eram conștientă că voi avea mult de lucru în acest loc, care s-a dovedit în anii următori un adevărat teatru de luptă. Am înțeles că rolul meu aici a fost să mă rog pentru toate ființele bolnave, pentru toate certurile, bătăile, toate lucrurile care erau prost administrate și făcute, pentru conflicte de interese, dușmănii vechi între locatari etc.

Plângeam. Am simțit prezența supranaturală a lui Dumnezeu alături de mine.

Glasurile tinerilor care veniseră să facă repetiție m-au trezit la realitate. Au trecut de atunci opt ani, în care verbele: „a smulge", „a tăia", „a dărâma" și „a nimici", nu le-am pus eu în aplicare, ci El. El a smuls, a tăiat, a dărâmat, a nimicit, dar a și zidit și sădit lucruri deosebite, chiar aici!

143

Atunci eram de abia mutată... Azi, după opt ani, înțeleg exact de ce Dumnezeu m-a înștiințat și m-a întărit prin acel verset. A lucrat aici, în acest loc, și a rezolvat unul câte unul toate conflictele, a scos toată mizeria, a reparat ce era dărâmat, i-a scos de aici pe toți oamenii răi care îi tulburau pe ceilalți locatari, a înlesnit schimbări pentru care doar cei care au venit odată cu mine, familia mea, copiii mei, pot depune mărturie.

El m-a înștiințat și pe parcursul șederii mele aici, a fost umăr la umăr cu mine. De multe ori mi-L imaginam că stă așezat pe patul meu și eu mă așezam cu capul pe genunchii Lui, într-o poziție de închinare și rugăciune. Mereu am avut nevoie de genunchii și de umerii Săi. Pe umerii Lui am lăsat multe poveri, suferințe, frământări, pe genunchii Lui plângeam, și-L imploram să mă susțină.

Văd aceste înștiințări scurte și clare ca niște peceți asupra vieții mele. Sigilarea faptului că El va fi alături de mine oricând! Am făcut lucruri bune, am greșit, m-am autoevaluat, m-am întors mereu spre Cel care m-a salvat.

Mi-a luat mereu cârjele de care mă agățam, ca să rămânem doar noi doi. Mi-a luat soțul, copiii, prietenii, ca să rămân doar cu El. Am căutat dintotdeauna sprijin în oameni, am căutat soluții umane. Iar El s-a relevat altfel decât gândeam eu. Nu știu dacă am acceptat mereu voia Lui, nu știu dacă am fost la înălțimea așteptărilor Lui, dar m-am întors întotdeauna la cel care îl primește necondiționat pe om, așa cum este el, frustrat și necăjit, ca să-i aducă pace în minte și inimă.

Am un loc special în inima mea, pe care nimeni nu-L poate ocupa așa cum o face El. Însă uneori trebuie să plătim un preț, să-l lăsăm pe Dumnezeu să ne înlăture toate substitutele. El vrea să-L lăsăm să ne conducă tot timpul. Poate că este dureroasă experiența de a pierde soțul, de care depinzi așa de mult, sau slujba pentru care ai fost formată, sau bani, sau o casă, sau ceva care te ține legat, și să te simți deposedat. Eu am fost deposedată chiar în timp ce scriam această carte.

Aveam viziunea de a o scrie, adunasem toate materialele, patul îmi era plin de foi, de cărți pentru documentare. Mă apucasem de scris cu seriozitate, dar mă ținea ceva și atenția îmi era dispersată. Lucram la carte și în acea perioadă vorbeam cu cineva pe internet. Nu eram capabilă să rup această relație, dar știam că nu este ceea ce îmi trebuia. Cartea ajunsese pe locul secund, iar ceva nu îmi dădea libertate.

Dumnezeu a intervenit în același punct pentru a doua oară. El a îngăduit de două ori să mi se strice calculatorul, exact când inima mea se lega tot mai tare de cineva. Prima dată am strâns cureaua, am făcut rost de bani și l-am reparat. Am continuat aceeași relație, aveam atenția împrăștiată, am stat în casă în fața ecranului, fără prea multă mișcare.

Duminică, pe 23 iunie, nu am mai putut să intru în meniul calculatorului și am înțeles. Da, am înțeles că asta era voia Domnului. Era dureros să-ți taie cineva toată legătura cu exteriorul, dar știam deja că era cazul să fiu oprită pentru a putea continua scrierea acestei cărți. Am acceptat și am continuat misiunea: scrisul.

În drumul meu împreună cu Dumnezeu, am învățat că El ne aduce în starea de a nu mai avea nimic pentru a ne reorienta viețile, nu pentru a le pune capăt.

Din perspectivă umană, vedem pierderea a ceva anume din viață ca pe o mare distrugere. Dar Dumnezeu ar putea să-ți spună: „Nu, tu acum ești în peșteră. Dar asta nu înseamnă că ai ajuns la sfârșitul vieții. Înseamnă că e vremea să-ți reorientezi viața. E vremea să începi din nou, să înveți din nou, să te dezvolți mai mult, să-ți exersezi capacitățile și credința".

Nu e nevoie să te mai agăți de cineva, de ceva. Lași totul, abandonezi totul în mâna unui Dumnezeu care știe exact spre ce te îndreaptă. Uneori trebuie să aștepți mult! Și așteptarea doare! Dar așa te maturizezi!

Am trecut prin etape de maturizare și creștere cu multe dureri, suferințe, dar am știut că Dumnezeu mă șlefuiește și îmi formează un caracter puternic și o inimă tare.

O altă apariție la vreme de necaz a avut loc într-o vară foarte călduroasă, cea a anului 2011. De multe, multe ori de-a lungul vieții, am avut amețeli puternice. Mă țineam de ceva ca să pot sta în poziție verticală. Atunci, mi s-a întâmplat ceva neobișnuit. Eram în casa mea, la etajul șapte, totul era încins în jurul meu și... am amețit atât de tare, încât toată camera mi s-a rotit în cap, am căzut pe pat și nu m-am mai mișcat. Mi-am dat seama că este ceva foarte grav, dar nu aveam nici un medicament pentru amețeli în casă.

Atunci, am avut un presentiment puternic că voi muri și am spus în sinea mea: „Gata, Doamne, poți să mă iei la Tine! Dacă vrei, vino și ia-mă acasă!" Eram pregătită să plec în Ceruri.

Deodată, în mintea mea, mi-a apărut în depărtare Domnul. Era îmbrăcat într-o cămașă lungă, albă și avea pletele pe spate. Din mâinile Sale ieşeau raze de lumină care se îndreptau spre mine. Braţele Lui erau deschise. Apoi a dispărut. Am crezut că vine să mă ia la El, dar nu era timpul. Încet, cu greutate, am reuşit a doua zi să merg la medic. Dar în timp ce căutam un remediu mai ieftin pentru ameţeli, o doamnă învăţătoare mi-a sugerat un medicament foarte bun. Am cumpărat două cutii, le-am folosit şi ameţelile au dispărut.

N-am să uit niciodată că Domnul s-a arătat ca să mă înştiinţeze că este acolo prezent prin lumina Lui. Apoi mi-a descoperit şi remediul potrivit pentru a mă vindeca de ameţeli.

Nici pastilele acelea nu le mai iau. Au fost bune atunci şi problema s-a rezolvat.

Mulţumesc!

Purtare de grijă

De curând, am cunoscut o mamă şi bunică, pe nume Maria. Am vorbit şi am aflat câte ceva despre viaţa ei. Voi reda pentru voi un fragment din povestea ei, aşa cum mi-a scris-o ea:

„La cinci ani, părinţii mei au divorţat. Fiecare şi-a refăcut viaţa. Mi-a lipsit mult tatăl meu şi... Dumnezeu i-a luat locul său. Nu mi-a fost uşor fără ambii părinţi, aşa cum deschisesem ochii. Voiam să-i văd împreună, voiam să mă mai joc cu ei, voiam să fie împreună.

Dar, mai târziu, am citit că: „cele mai frumoase caractere se nasc în suferință". Apoi m-am căsătorit și am născut șase copii binecuvântați. Dumnezeu m-a ajutat să-i cresc, cu toate că aveam lipsuri și griji mari legate de ei.

O dată, unul dintre copiii mei avea enterocolită și vărsa continuu. Era iarnă, nu aveam cu cine să-i las pe ceilalți cinci copii ca să merg la medic și, cum eram cu el în brațe și îl hrăneam, cu ochii în lacrimi am strigat: „Doamne, eu știu că Tu te poți atinge de el; vindecă-l pe acest copil". Era strigătul disperat al unei mame aflate în dificultate. O pace adâncă a intrat în inima mea, copilul s-a relaxat și totul a intrat în normal. Fusese vindecat!

Când vecinii mei râdeau de mine că sunt iarăși gravidă, mă dojeneau spunându-mi: „Ai să mori de foame, ce îți mai trebuie copii? Nu vezi ce vremuri grele sunt?"

Acum stau într-o casă frumoasă, nu departe de blocul în care am locuit cu ei, iar cei care atunci mă dojeneau, acum nu mai râd de mine, ci vin să împrumute diverse lucruri fiindcă nu se mai ajung.

Altă dată am avut un flegmon la șold, ca urmare a unei injecții făcute greșit. În fiecare zi storceam puroi, pentru că se făcuse o gaură acolo și cocea într-una. O prietenă, asistentă la chirurgie, mă chema mereu să taie și să curețe infecția. Mergeam zilnic la spital. Nu mai suportam durerile, devenise o povară prea grea pentru mine. Atunci am strigat după un ajutor necondiționat și supranatural și strigătul meu a fost auzit.

Dumnezeu mi-a spus: „Dacă tu crezi că Eu te pot vindeca, atunci ia frunza aia de varză de acolo!" Scurt, clar şi direct! Puneam şi frunze de varză pe rană. L-am ascultat! Am îndepărtat frunza. Nu am mai făcut nimic. Încet, rana s-a închis şi eu am primit vindecarea Lui. Fascicul de lumină!

Prietena mea îmi spunea că infecţia a rămas acolo şi că mai târziu voi avea complicaţii şi tot la bisturiu voi ajunge. Dar au trecut treizeci de ani şi infecţia nu a reapărut.

Apoi am lucrat ca administrator de bloc. Era un loc unde trebuia să ai un caracter puternic. Dar eu eram altfel, aşa cum m-a învăţat Domnul: cine vrea să fie şef, să fie robul tuturor. Am investit mult în oamenii din blocul unde lucram. Am vărsat lacrimi, am fost rănită, dar i-am iertat pe toţi. Mă rugam pentru persoanele care mă jigneau şi le binecuvântam. Nu a fost uşor, dar aşa m-am format ca om. Soţul mă certa că nu mai am pic de mândrie. Plângeam şi spuneam că este prea mult pentru mine, că oamenii sunt prea răi!

L-am auzit pe Dumnezeu spunând: „Aşa-i că-ţi este greu cu ei? Tot aşa îmi este mie cu tine!" Am înţeles mesajul. Era cazul să nu mă mai plâng de nimeni.

Astăzi, când anii mi-au pus argint la tâmple şi privesc în urmă, văd la fiecare pas grija şi dragostea Lui! Am făcut multe greşeli, am căzut, m-am certat cu Dumnezeu spunându-i că este prea grea crucea şi că nu mai vreau să lupt.

Îmi amintesc că ceream ajutor de la oameni, dar ei nu aveau putere să mă ajute. Credeam că nimeni nu mă iubeşte, cădeam lată pe duşumea, dezamăgită de cei din jurul meu.

Aveam doar patru copii şi am luat un pumn de pastile, vrând să încetez lupta mea de una singură cu viaţa! Am dormit mult şi când mi-am revenit, copiii mei plângeau lângă pat, flămânzi. Peste tot erau firimituri de pâine, cum încercaseră ei să mănânce. I-am îngrijit apoi pe toţi. Mi se părea prea greu!

Ultima dată când am vrut să-mi iau viaţa, am ieşit pe centura Galaţiului cu gândul să mă arunc în faţa unei maşini. Era martie, ger afară. Încercam să-mi fac curaj pentru a face acest gest. Dar, privind spre cimitirul din apropiere, Dumnezeu mi-a vorbit în duhul meu: „Vezi mormintele acelea? Dacă cei ce sunt în ele ar mai putea, ar plăti averi ca să mai trăiască încă zece minute, iar tu vrei să renunţi la viaţa pe care Eu ţi-am dat-o? Ai doar una singură şi nu ai terminat-o!"

M-a cuprins teama şi m-am întors acasă, conştientă de ceea ce voiam să fac. Mi-am cerut iertare de la Dumnezeu şi am simţit eliberarea Sa! Fascicul de lumină!

Acum preţuiesc fiecare clipă, viaţa este atât de preţioasă. Viaţa cu Dumnezeu este plină de bucurii şi dragoste. Şi sunt recunoscătoare că nu m-a lăsat să îmi fac rău mie şi celor dragi!"

Reparații inedite

După ce am terminat manuscrisul, am constatat că în casa mea se stricaseră robinete, calorifere, dușul, lumina pe hol, panoul radiant. M-am speriat. Toată vara nu m-am gândit nici la casă, nici la altceva.

Acum venise septembrie și trebuia să intre apă în calorifere. Câte erau de făcut! Și trebuiau bani! Și-mi trebuiau profesioniști! Dar, știți cum este cu meseriașii! Unul spune una, altul spune alta!

Am scris o listă cu tot ce era de reparat! Am afișat-o pe geam și mă gândeam să găsesc soluții. Dar nu am mai apucat! Căci, în 20 septembrie, când am venit acasă, deja apa fusese introdusă în calorifere și baia era inundată! Provocare! Stres! Ce să fac? Telefonul este un obiect care face minuni! Mă folosesc la maximum de el! Am dat telefoane unor meșteri! Vai! Câte capete, atâtea păreri, prețuri și pretenții!

Am chemat președintele blocului, a văzut, a spus să rezolv urgent! Trebuiau cumpărate robinete noi. Am adus seara un instalator care a înjurat tot timpul cât a schimbat un robinet și a țipat la mine, ca și cum eram handicapată, ori copilul lui! Mi-a luat 50 de lei doar în trei minute și mi-a umplut și casa de apă. Apa a ajuns pănă la nivelul patru și vecinii au început să se revolte.

A doua zi a venit alt instalator, dis-de-dimineață, și el a zis că nu se bagă să repare și a plecat în drumul lui. Am plecat la școală într-un stres maxim. La școală a sunat preşedintele blocului meu, tunând şi ameninţând că dacă pâna la ora 17 nu-mi repar caloriferul, el dă drumul la apă şi nu-l interesează că voi inunda casa mea şi pe a vecinilor. Cam toţi îmi închideau telefonul şi mă lăsau mască.

M-am învoit de la şcoală două ore şi am hotărât să merg acasă să fac ceva până la ora 17, să caut pe cineva să mă ajute! M-am rugat în gând, în autobuz! „Doamne! Am nevoie de soluţia Ta!"

Când am coborât din autobuz, l-am văzut pe Valentin, un bărbat tânăr care frecventează aceeaşi biserică cu mine. Dar, nu i-am dat importanţă. Eram grăbită să ajung acasă repede.

Ceva însă, nu ştiu ce, m-a făcut să mă întorc din drum. L-am mângâiat uşor pe spate şi el s-a întors şi ne-am salutat. Într-un minut i-am explicat lui Vali ce probleme aveam în casă. El avea nişte hârtii în mână. Avea treabă!

Mi-a spus: „Pot să vin cu dumneavoastră să văd despre ce este vorba?"

I-am răspuns uşurată: „Da, desigur!"

A văzut, mi-a spus ce să cumpăr, s-a dus să-şi rezolve problema sa, apoi la 13:30 a venit cu uneltele potrivite şi a reparat două calorifere şi duşul. Calm şi hotărât, fără înjurături, fără ţipete. Un om plin de pace. M-am relaxat total, eram o altă persoană. Aveam încredere în Vali. Am ştiut atunci că Dumnezeu intervenise supranatural! Un minut dacă întârziam, el pleca din staţie şi nu ne-am fi întâlnit. Un minut contează în viaţă!

Instalatorul care venise seara mi-a cerut pentru înlocuirea celui de-al doilea robinet o sumă mare pentru mine: 110 lei. Doar pentru un robinet.

Valentin a venit calm, punctual şi la momentul potrivit, necerându-mi nimic. Asta nu a fost o coincidenţă sau o întâmplare. Se vede cu ochiul liber! Aceasta a fost o „lucrare mai dinainte pregătită de Dumnezeu".

Mereu aştept să văd cum mai intervine El în viaţa mea! Însă, chiar dacă este aproape de noi, El aşteaptă căutarea noastră!

Agentul Orange

În anul 2008 am făcut un control cu un aparat cu biorezonanţă care depista bolile din toate sistemele organismului uman.

Nu ştiam ce mă aştepta, nu cunoşteam nimic despre capacitatea de diagnosticare a acestui aparat, dar am primit ca recomandare această informaţie şi am aplicat-o pentru mine.

Doamna doctor stătea în faţa unui calculator, iar eu stăteam liniştită pe un scaun cu centuri în jurul mâinilor şi capului. Apoi, scria pe hârtii tot ce vedea pe monitor.

La un moment dat, mi-a zis: „Dar ce este cu capul dumneavoastră? Aveţi dureri groaznice în zona feţei, a gâtului şi a cervicalelor!"

I-am răspuns: „Da, din anii adolescenței sufăr intens și nu știu ce am!"

Ea a continuat: „Dar ați fost otrăvită cu o substanță numită Agentul Orange și aceasta v-a afectat tot sistemul nervos!"

Mi-a explicat starea coloanei mele vertebrale. Aceasta era tasată, subluxată și inflamată în șapte puncte. Mi-a depistat o otoscleroză la urechea stângă, timpanul fiind fisurat.

Când am primit calculatorul cadou în toamna anului trecut am intrat și am căutat informații despre acest „agent orange". Eram curioasă să știu cât mai multe despre el.

Iată ce am găsit: „Agentul Orange" este numele de cod al unei substanțe chimice folosită pe scară largă de SUA în războiul din Vietnam, între 1962–1971. Forțele armate ale Statelor Unite au pulverizat 80 de milioane de litri de „Agent Orange" (un erbicid și defoliant foarte puternic) deasupra junglei din Vietnam. Scopul acestei operațiuni a fost de a despuia de frunze terenurile împădurite care ascundeau gherilele comuniste și de a-i lăsa pe sătenii care îi susțineau fără hrană, obligându-i astfel să se mute la orașe.

4,8 milioane de persoane au fost supuse „tratamentului" cu această substanță. 500 de mii de copii s-au născut după acest eveniment cu malformații congenitale și 400 de mii de persoane au murit.

Am fost și eu victima acțiunii acestei otrăvi care mi-a distrus creierul.   Nu știu de la cine sau de unde am luat-o, fiindcă aparatul nu a arătat acest lucru. A fost ca un alt gen de „cancer".

La 40 de ani de la folosirea acestui „agent", vietnamezii se mai luptă încă cu diformități, orbire, boli mentale și cancere.

3 181 de sate au fost afectate și numele substanței vine de la culoarea portocalie a butoaielor în care era depozitată. Oameni nevinovați ca tine și ca mine au fost afectați generație după generație de această operațiune a S.U.A.

Și mă întreb acum, când mintea mea este limpede, capabilă și în proces rapid de dezvoltare, cum am reușit eu să scap, să mă vindec?

Cum? Când eram pe patul morții, cu mintea întunecată și ca un bloc de gheață, nu vedeam rezolvarea. Credeam că voi muri neîmpăcată.

Azi cred că dacă eu am putut să urc spre treptele luminii, puteți și voi, orice necaz ați avea! Credința a fost puternică. Am apucat mâna tare a lui Dumnezeu și am biruit!

O româncă ce a învins barierele, o româncă ce și-a dorit să străpungă întunericul, să arate de fapt cine este și ce poate.

Am cerut mereu înțelepciune și mi-a fost dată!
Am cerut vindecare și mi-a fost dată!
Am cerut lumină și am primit!
Am cerut protecția copiilor și au fost protejați!
Am cerut răbdare și îndelungă răbdare și am ajuns până în acest punct!
Am cerut iertare și mi-a fost oferită în dar!
Am fost oarbă și acum văd!

Am fost distrusă şi acum sunt un om întreg!
Pentru toate acestea sunt veşnic recunoscătoare!

Încheiere

Moto: „Eu sunt Pâinea Vieţii. Cine vine la Mine nu va flămânzi niciodată şi cine crede în Mine nu va înseta niciodată." (Ioan 6:35)

Un vis s-a împlinit! Această carte simplă, pe înţelesul tuturor, a fost scrisă în timp record, cu pasiune şi muncă, în perioada verii anului 2013. Concentrarea maximă pe scop şi disciplina zilnică au dat rezultate. În mai puţin de două luni am scris-o cu dragoste, recunoştinţă şi bucurie.

Nu am ştiut în ce intru. După ce am terminat de scris am aflat că acesta abia era începutul. Nu am ştiut niciodată drumul unei cărţi de la scriere până la cititori. Dar am început să acţionez, căutând, întrebând, cerând sfaturi.

Lumea mea singuratică a început să primească oameni noi, editori, tipografi, scriitori, oameni cu care nu m-am gândit că voi lua contact, deoarece din „închisoare" nu am avut perspectiva nouă care mi s-a deschis acum. Şi sunt recunoscătoare!

În fiecare dimineaţă mă trezesc mulţumind. Şi repet prin casă, prin autobuz, la şcoală, înainte de culcare, oricând, cuvântul „Mulţumesc!"

Orice poveste de succes începe cu cineva care a făcut un pas mic sau a semănat o sămânţă mică şi care de obicei reprezintă tot ce are el în acel moment. Mai simplu spus: orice lucru mare începe cu ceva mic. Dacă nu eşti dispus să începi de jos, nu poţi începe deloc!

Lui Dumnezeu îi place să folosească lucruri despre care noi credem că sunt neînsemnate. El a folosit prânzul unui băiat ca să hrănească mulţimile de oameni flămânde, El a folosit o praştie pentru a-l doborî pe uriaşul Goliat, El a folosit o mână de lut pentru a reda vederea unui orb. El m-a luat pe mine din pat, dintr-o agonie mentală, şi m-a vindecat, dându-mi viziunea de a vă împărtăşi şi vouă lucrările Lui în viaţa mea şi în viaţa altora.

El a folosit un loc de muncă neînsemnat, bani puţini sau o idee mică pentru a mă binecuvânta. „Norii" mici de pe cer sunt indicatorii a ceea ce va veni, ei sunt canale pe care El a hotărât să le folosească.

Când El promite ceva, nu are nevoie de niciun lucru mare pentru a îndeplini promisiunea. Oamenii îşi fac planuri, au vise, au scopuri, au multe cunoştinţe corecte şi bune, dar cred că aş cere mai degrabă planuri pe care El să le poată binecuvânta. Am fost atrasă în 101 direcţii, dar când am hotărât să-i dau Lui toate direcţiile mele, El a ales-o pe cea mai bună.

Pe drumul meu, am căutat fericirea în mod greşit. Am căutat să primesc, în loc să dăruiesc. Când am realizat acest lucru, am început să schimb tactica. Am zâmbit, am încurajat, am dat, dar am şi primit multe binecuvântări. Şi mă simt mereu binecuvântată în felurite moduri.

Dragostea pentru Dumnezeu este rădăcina, dragostea pentru ceilalţi este rodul exprimat prin încurajare, răbdare, facere de bine, smerenie, generozitate, seninătate, blândețe și sinceritate.

„Voi sunteți sarea pământului. Dar dacă sarea își pierde gustul (puterea și calitatea sa), prin ce își va căpăta iarăși puterea de a săra? Atunci nu mai este bună de nimic, decât să fie lepădată afară."

Sarea este asemenea dragostei; ea poate vindeca, curăța, conserva, poate îmbogăți, dar este nefolositoare când e ținută în solniță și nu este presărată în jur.

Dragostea este puterea vieții, ea trebuie să fie motivul pentru care ne trezim în fiecare dimineață. Fiecare zi poate să devină interesantă și plină de sens dacă ne vedem ca pe niște agenți ai lui Dumnezeu, așteptând în umbră să presărăm sare peste viețile lipsite de gust pe care le întâlnim.

Când colega mea, Mariana, o femeie tânără cu doi copii, un băiețel și o fetiță oarbă din naștere, a ales să se așeze frumos îmbrăcată în cada din baie, și să ia multe somnifere ca să moară, m-am îngrozit la gândul că sunt pe lume atâția oameni deznădăjduiți, care nu mai au nicio speranță și nu pot face față presiunilor sociale, emoționale și psihice.

M-am întrebat când am aflat de moartea ei zguduitoare, de ce Dumnezeu a îngăduit ca ea să moară și pe mine m-a salvat. Nu am înțeles de ce Mariana și Dorin au murit prin sinucidere, iar eu am fost salvată.

Mult timp m-au frământat tot felul de întrebări la care nu am găsit răspuns. Doar în vara aceasta am aflat răspunsuri clare, cercetând multe lucruri din trecut și am înțeles că planurile lui Dumnezeu nu sunt și planurile noastre.

Am descoperit voia Lui în viața mea. Dacă nu treceam prin „valea umbrei morții", nu aş fi cunoscut mângâierea lui Dumnezeu, purtarea Lui de grijă, bunătatea şi îndurarea Sa, nu i-aş fi înțeles pe cei nenorociți şi aflați în nevoie.

După ce am primit viziunea scrierii acestei lucrări, Dumnezeu mi-a descoperit un cântec creştin care m-a însoțit toată vara. Scriam şi ascultam melodia minunată. Iată versurile şi mesajul cântecului:

De multe ori în urma mea, prin gestul meu necugetat,
Rănit-am oameni, rănit-am oameni
Dar nu prin arme sau cuțit,
Ci prin ceea ce-am vorbit,
Am dărâmat templul care trebuia zidit.
Vreau ca gura mea de acum să rostească
Tot ce-aduce un zâmbet pe față
Tânjesc să iubesc ca şi Dumnezeu
Vreau să-nvăț să leg o rană
Să conduc privirea oarbă,
Către Ceruri, nu pot uita că şi eu am fost condus cândva
de Sfântul Miel.
Aş vrea ca rănile să leg,
Celor ce-n drumul vieții merg,
Fără speranță, fără speranță,
Am fost şi eu cândva,
Dar Isus m-a salvat
Şi m-a condus către Cer
Ca să fiu cu El acolo... Sus.

Misiunea de a lega răni şi a fi de ajutor oamenilor a venit în timpul scrierii acestei cărți. Vreau să ajut, să lucrez pentru oamenii care nu îşi găsesc Calea. Dacă pe mine m-a scos din negura depresiei, dacă pe mine m-a condus zilnic către ceea ce sunt astăzi, cu siguranță El va conduce fiecare om disperat și deznădăjduit.

Am trecut prin văi adânci, prin locuri pustii, sufletul mi-a fost gol și răvășit, oamenii m-au disprețuit și judecat, dar... bucuria a luat locul tuturor acestor poveri și acum sunt UN OM ÎNTREG!

La încheiere, am o rugăminte pentru cei care au ajuns până la sfârșitul lecturii. Dăruiți cartea mai departe altora, dăruiți-o cu dragoste. Faceți să circule mereu această carte. Nu puteți anticipa cine se va regăsi aici și va învăța ceva. Nu puteți ști ce răni veți lega și cine va fi ridicat prin toate mărturiile de aici.

Vă mulțumesc!

Bibliografie

Biblia, traducere de Dumitru Cornilescu.

Feldhahn, Shaunti şi Feldhahn, Jeff, *Doar pentru El, doar pentru Ea*. Cluj, Editura Aqua Forte, Cluj, 2007.

Hagin, Kenneth E., *Hrana credinţei în doze zilnice*, http://dragostealuihristos.blogspot.com.

McMillen, S. I., M.D., *Boli evitabile*, http://ro.scribd.com/doc/13496357/BOLI-EVITABILE

www.ingramcontent.com/pod-product-compliance
Lightning Source LLC
Chambersburg PA
CBHW032121040426
42449CB00005B/210